逻辑思维与数学文化

秦春蓉　主编

刘红　陈家利　袁娜　熊妍茜　副主编

U0360325

清华大学出版社

北京

内 容 简 介

本书遵循"少讲精讲"原则,以数学史、数学问题、数学知识和数学观点为载体,介绍数学思想、数学方法、数学精神,不深入探讨数学理论,以能讲清数学思想为准则。本书包括 6 个模块:数学与逻辑学;引历史之脉;探数学之趣;感数学之美;谜数学之思;悟数学之用。以精讲留白为主要形式,将讲授、内化与吸收、讨论、提问作为主线,构建师生共同学习的课堂,搭建有表达、思辨、智慧碰撞、创新创造、活力四射的教学平台。本书包含丰富的思政元素,具有"文理融合""通专融合"的特点。

本书可作为高职院校数学文化类课程的教材,也可作为大学生的课外读物。

图书在版编目(CIP)数据

逻辑思维与数学文化/秦春蓉主编. —北京:清华大学出版社,2024.8
ISBN 978-7-302-66116-0

Ⅰ. ①逻… Ⅱ. ①秦… Ⅲ. ①逻辑思维 ②数学—文化 Ⅳ. ①B804.1 ②O1-05

中国国家版本馆 CIP 数据核字(2024)第 085119 号

责任编辑:吴梦佳
封面设计:何凤霞
责任校对:刘 静
责任印制:刘 菲

出版发行:清华大学出版社
　　　网　　　址:https://www.tup.com.cn,https://www.wqxuetang.com
　　　地　　　址:北京清华大学学研大厦 A 座　　　**邮　　　编**:100084
　　　社 总 机:010-83470000　　　　　　　　**邮　　　购**:010-62786544
　　　投稿与读者服务:010-62776969,c-service@tup.tsinghua.edu.cn
　　　质量反馈:010-62772015,zhiliang@tup.tsinghua.edu.cn
　　　课件下载:https://www.tup.com.cn,010-83470410
印 装 者:天津鑫丰华印务有限公司
经　　　销:全国新华书店
开　　　本:170mm×240mm　　**印　　张**:7.5　　**字　　数**:149 千字
版　　　次:2024 年 8 月第 1 版　　　　　　　**印　　　次**:2024 年 8 月第 1 次印刷
定　　　价:38.00 元

产品编号:100812-01

前　言

　　随着科学研究的不断深入和社会的发展,数学已经广泛地渗透到其他学科和我们生活的方方面面。抽象性是数学最重要、最显著的特征之一,数学活动是对已有的知识和经验进行不断抽象的过程。由于数学的抽象性及在实践中众多应用的间接性,数学与实际的密切关系在一般人眼中很难被看到。但是加强数学教学与实际的联系、强化数学应用意识又是当前教育实践中亟须解决的问题。我们必须认识到,数学教学加强应用并非弱化数学抽象性,而是注重文化属性,使学生通过掌握数学在解决实际问题中的应用逐步形成数学应用意识,进而激发学习兴趣、加强数学与实际应用的联系,提高实践能力。成功的数学教育应当注重数学的文化属性,在传授知识的过程中训练思维,培养学生的综合素养,并体现出数学的应用教育价值、思维教育价值、精神教育价值。

　　本书遵循"少讲精讲"的原则构建知识体系,不以数学的知识系统为线索,而以数学史、数学问题、数学知识和数学观点为载体,介绍数学思想、数学方法、数学精神,探讨数学与人文的交叉;不深入探讨数学理论,以能讲清数学思想为准则,将各专业学生多年来学习的数学知识上升到精神、方法、思想的层面上,又从文化和哲学的角度反观数学发展中的规律,促使学生提升思维品质。本书分6个模块展开:数学与逻辑学;引历史之脉;探数学之趣;感数学之美;谜数学之思;悟数学之用。

　　为了将"有趣、有用、有思"的"三有"教学理念贯穿始终,实现"学而有趣、学而会用、学而善思",最终不断加深学生对数学的理解,提高逻辑思维能力,养成理性思考的习惯,本书以精讲留白为主要形式,将讲授、内化、吸收、讨论、提问作为主轴,构建师生共同学习课堂,搭建有表达、思辨、智慧碰撞、创新创造、活力四射的教学平台。本书包含丰富的思政元素,具有"文理融合""通专融合"的特点。

　　本书基于编者多年对高职数学类通识课程教学的实践经验及体会,集思广益编写而成。本书由秦春蓉主编和主审,具体编写分工如下:刘红编写模块1和模块2、袁娜编写模块3、熊妍茜编写模块4、陈家利编写模块5、秦春蓉编写模块6。

　　技术培养利在一时,文化培养功在千秋,基础雄厚,选择才更多。鲁迅在《未有天才之前》的著名演讲里反复重申泥土比天才更可贵,数学教学也应当注重文化,成为培养人才的土壤,为学生搭建教育平台,有意识地引导学生打好基础,积累文化底蕴。

由于编者水平有限,书中不当和疏漏之处在所难免,恳请广大同行及读者批评指正,以期有机会再版时予以修正与完善。

本书的出版得到了清华大学出版社的支持与帮助。同时对为本书出版付出心血的编辑及给予关心的同事、朋友致以衷心的谢意,还要特别感谢本书所参考和引用的相关资料、案例的作者。

编　者
2024 年 3 月

目　　录

模块 1　数学与逻辑学

基本概念：

逻辑　同一律　矛盾律　排中律

一般认为，逻辑是人类理性的体现，它的基本原理其实是大白话，但仔细琢磨起来却很有道理。更关键的是，只有少数人能够坚持那些看似大白话的基本原理。而数学结论是否正确，取决于公理的正确性及逻辑的严密性。特别是像欧几里得几何这种数学体系，完全依赖逻辑。也正是因为这个原因，19 世纪末 20 世纪初的数学家和逻辑学家试图将它们统一起来，这种努力至今都称不上大获成功。然而，数学和逻辑的紧密联系是不容否认的，适当了解逻辑将对学好数学大有裨益。逻辑学的基本原理包括同一律、矛盾律、排中律[①]。

1.1　同　一　律

同一律通常的表述是一个事物只能是其本身。这句大白话背后的含义是，世界上任何一个个体都是独一无二的。注意这里说的是个体，不是群体。一个事物只能是其本身，而不能是其他什么事物。苹果就是苹果，不会是橘子或者香蕉。

因为有同一律的存在，才可以识别出每一个个体。在数学上我们可以用 $A = A$ 将其表达出来。也就是说，当一个个体从一个地方转移到另一个地方之后，它就不会在原来的地方，而会出现在新的地方。比如我们有一个等式，当我们把 5 从等式的左边移到右边之后，等式的左边就不可能再有 5 这个数字了。很多人解方程，把数字从一边移到另一边后，忘记把原来的数字消去，最终导致做错。究其做错题的原因，一些孩子甚至家长都只觉得这仅与粗心大意有关。实际上，在每一次粗心的背后，都有概念不熟悉的深层次原因。具体到这个问题，就是根本不理解同一律。

同一律在集合论中特别重要，集合中的所有元素必须都独一无二。比如我们说整数的集合中只能有一个 3，不能有两个，如果有两个就出错了，这一点很容易理解。可是，在现实生活中，很多人自觉不自觉地在违反同一律，最典型的一个例

---

①　姜全吉,迟维东.逻辑学[M].3 版.北京:高等教育出版社,1998.

子就是偷换概念,具体来讲就是对不同含义的概念使用了同一个名称。

人有些时候偷换概念是不自觉的,比如很多词有二义性,他弄不清楚具体含义,造成了头脑的混乱,或者把一个个体和一个集合等同起来,以偏概全。比如有些人会说,股市都是骗局。他们的经验是来自一部分股票,是个体,但是说这句话的时候他们就把股票换成了集合,也就是股市。自己不懂的逻辑,头脑不清,讲出的话违反了同一律后,就会造成别人的误解,甚至自己也会被绕进去。很多人缺乏良好的沟通能力,可以溯源到讲话时经常违反同一律上。此外,也有人故意违反同一律,悄悄改变某个概念的内涵和外延,把它变成了另外一个概念,或者将似是而非的概念混在一起。比如商家常常用限量版这个词进行宣传,让人感觉数量非常有限。其实,世界上任何商品的数量都是有限的,只是有多和少的差别。很多商品并没有限量版一说,但数量比同类的限量版要少得多。比如斯坦威钢琴一年一共生产 2 000 台左右,大型的 model D 只有上百台,但是斯坦威从来不说限量版。相反,日本限量版的钢琴数量常常比斯坦威相应型号的总数量多很多,但凡一提到限量版,大家就认为商品紧俏,这其实偷换了"限量版"这个词汇的外延。在数学上,要严格遵守同一律。为了防止出现违反同一律的情况,就需要把概念定义得极为精确,在法律上也是如此。在生活中,和别人沟通时可以先复述对方的话,明确你们是否在讨论同一件事情,这一点相当重要。很多时候,我们和别人沟通中的误解就是因为忽视了同一律。

1.2 矛 盾 律

矛盾律的通常表述是在某个事物的某一个方面(在同一时刻),不可能既是 A 又不是 A。[①] 数学中的反证法就是基于矛盾律而来。矛盾律的英文 contradiction 一词是由两个词根组合而成的,第一个词根 contra 是相反的意思,第二个词根 dict 是讲话的意思,顾名思义,指讲话的意思自相矛盾。也有人把矛盾律当作同一律的延伸,因为是 A 和不是 A 是两个不同的个体,自然不可能相同。之所以强调事物的某一个方面,是因为事物本身可能是多方面的,不同方面可能有不同的表现。比如,有人问光的波粒二象性是否违反矛盾律,这其实不违反,因为它讲的是一个事物的不同方面。类似地,身在曹营心在汉,这就不违反矛盾律。但是,如果说某时某刻我在北京,又不在北京,这就违反了矛盾律。警察办案时所说的"不在场证据"之所以能成立,是因为有矛盾律作为保证。

在数学和自然科学中,很多重大的发现都源于矛盾律的使用。比如,毕达哥拉斯定理和有理数性质的矛盾,就导致了无理数的被发现。在物理学上,麦克斯韦方程组和经典力学方程的矛盾,就导致了后来相对论的提出。在生活中,有人会挑战

---

① 王涛,阎晨光.数学与逻辑[M].北京:高等教育出版社,2022.

矛盾律,比如有人说:"我是一个矛盾的人,既慷慨大方,又斤斤计较。对于教育我总是很慷慨,对日常生活则非常节省。"这种说法其实并没有违反矛盾律,因为这里偷换了概念。为了防止大家在使用矛盾律时偷换概念,逻辑学家们一般会强调四个"同一",即同一时间、同一方面、同一属性、同一对象,总之强调的是独一无二的事件。

1.3　排　中　律

排中律的表述是任何事物在明确的条件下都要有明确的"是"或"非"的判断,不存在中间状态。[①] 比如在数学上,一个数字,要么大于零,要么不大于零,没有中间状态。有人可能会说,等于零不就是中间状态吗? 其实大于零的反面并非小于零,而是不大于零或者说小于或等于零,因此等于零的情况其实就是不大于零的一种。排中律保证了数学的明确性,通常我们在数学上使用排中律最多的时候,其实是在使用排除法或者枚举法时。当我们排除了一种情况时,和它相反的情况就一定会发生。如果有多于两种对立的情况,可以先把所有可能的情况二分,然后不断二分,直到分到每一个彼此不重复的情况为止。在计算机科学中,任何和二分相关的算法,其逻辑基础都是排中律。在这种思路的指导下,1976 年,美国数学家肯尼思·阿佩尔(Kenneth Appel)和沃尔夫冈·哈肯(Wolfgang Haken)借助电子计算机证明了四色定理。[②] 这是图论中一个非常著名的难题,说的是在任何地图上,只要用四种颜色就能够给所有国家(或者地域)涂色,并保证相邻的地域颜色不同。这个问题的难度在于情况太复杂,因此数学家们努力了 100 多年也没有结果。而阿佩尔和哈肯的高明之处则在于他们用计算机穷举了所有情况,然后借助计算机一一证明了各种情况。显然这种证明方法的正确性是由排中律保障的。

1.4　学　思　践　悟

学科学、用科学,塑造科学精神,必须以数学逻辑要求为前提。数学正是因为有内在的逻辑性,才避免了可能的自相矛盾之处。数学史上虽然发生过三次数学危机,但都被一一化解。理解逻辑,对我们有非常多的好处。人通常会身陷矛盾而不自知,就是因为缺乏逻辑性。人们也会有对某个重要的事物想不清楚,不知道该如何做判断的时候,其实只需运用逻辑学把事实分析一遍,真相就可以把握了。这应该是逻辑学和数学给我们的启发。而学习逻辑很好的方法就是学习好数学。

---

① 王涛,阎晨光.数学与逻辑[M].北京:高等教育出版社,2022.
② 蔡天新.数学简史[M].北京:中信出版集团,2017.

模块 2　引历史之脉

基本概念：

河图洛书　中国算筹　算经十书　杨辉三角　秦九韶算法

数学,在人类文明的历史长河中书写出了林林总总的浩如烟海的知识华章,其精华珍宝如满天星辰,照亮着人类前行的道路。作为现代人,要认识数学的全貌不容易,但我们始终无法离开数学的指引和帮助。终其一生,能够有机会深入学习到的数学知识,可谓沧海一粟。基于有限的知识储备,从整体、宏观、文化的层面认识数学、欣赏数学,是一件令人感到欣慰的事。

2.1　上古至秦——中国古代数学的萌芽时期

人类起源需要一定资源,河流周边可以为人类的生存提供必要的生活条件,于是人类的起源常常跟河流相伴。数学起源是从四个"河谷文明"地域开始的,即非洲的尼罗河、西亚的底格里斯河和幼发拉底河、中南亚的印度河与恒河、东亚的黄河与长江。

2.1.1　结绳计数、刻痕计数

在远古时期,随着古文明的发展,世界出现了几种不同的计数方式(图 2-1)。

孔子在《周易·系辞下》中说道:"上古结绳而治,后世圣人易之以书契。"由此可以看出,结绳计数是中国古人记录数学活动的雏形。

刻痕计数是人类最早的数学活动,考古发现了 3 万年前的狼骨上的刻痕。[①] 古埃及的象形数字出现在约公元前 3400 年;古巴比伦的楔形数字出现在约公元前 2400 年;中国的甲骨文数字出现在约公元前 1600 年(图 2-2)。

图 2-1　远古时期的计数方式

---

①　顾沛.数学文化[M].北京:高等教育出版社,2019:18-19.

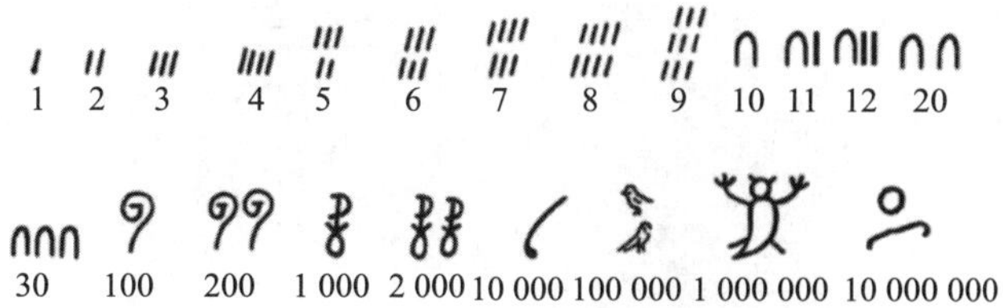

（a）古埃及象形数字（约公元前 3400 年）

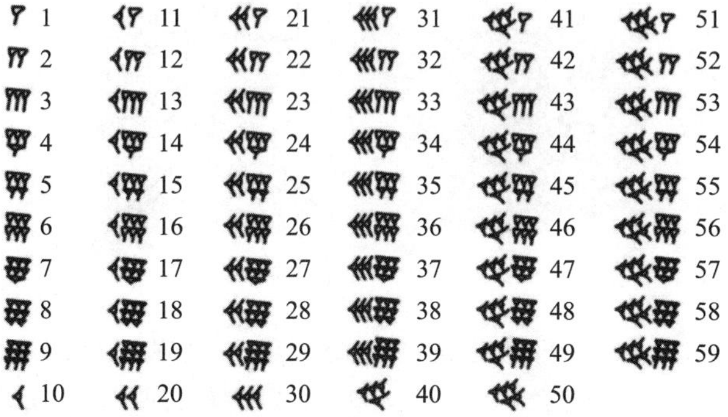

（b）古巴比伦楔形数字（约公元前 2400 年）

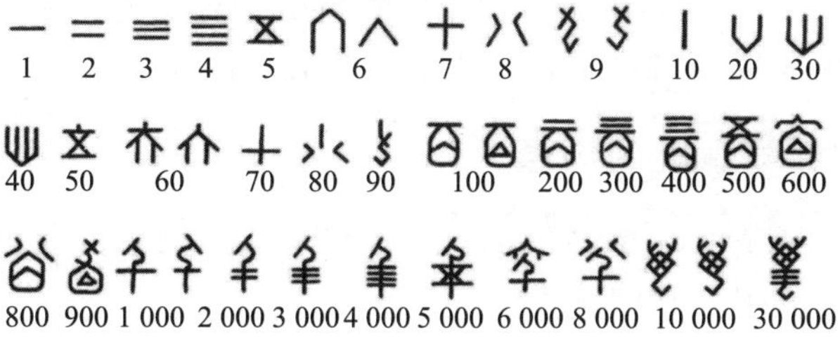

（c）中国甲骨文数字（约公元前 1600 年）

图 2-2 最早的数字

2.1.2 千古之谜——河图洛书

相传，上古伏羲氏时，洛阳东北孟津县境内的黄河中浮出龙马，背负"河图"，献给伏羲。伏羲依此而演成八卦，后为《周易》来源。

又相传，大禹时，洛阳西洛宁县洛河中浮出神龟，背驮"洛书"，献给大禹。大禹依此治水成功，遂划天下为九州。又依此定九章大法，治理社会，流传下来收入《尚书》中，名《洪范》。河图、洛书最有名的出处来自《易传·系辞》中的"河出图，洛出书，圣人则之"这句话，并据此认为八卦就是根据这二幅图推演而来的，从而成为易学研究的重要课题之一。由于历代皆认为它们是"龙马负之于身，神龟列之于背"，多少世纪以来，它们一直披着神秘的外衣，被公认为是中华文化之源的千古之谜（图 2-3）。

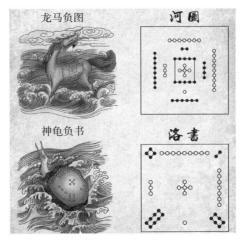

图 2-3　河图洛书

河图洛书所表达的是一种数学思想。河图洛书是以黑点或白点为基本要素，以一定方式构成若干不同组合，并整体上排列成矩阵的两幅图式。数字性和对称性是河图洛书最直接、最基本的特点，"和"或"差"的数理关系则是它的基本内涵。完全可以用数学方法证明或推导出河图洛书，并证明河图与洛书同出一源。还可以发现，"河图洛书与算盘"和"万字符"存在一定程度的联系。

2.1.3　人文与数学意境的沟通

《周礼·保氏》中有，"养国子以道，乃教之六艺：一曰五礼，二曰六乐，三曰五射，四曰五御，五曰六书，六曰九数"。

战国时期墨翟《墨经》中有以下表述[①]。

- "端，体之无厚而最前者也。"——点
- "或不容尺，有穷；莫不容尺，无穷也。"——有限与无穷
- "平，同高也。"——平行
- "直，相参也。"——直线
- "中，同长也。"——中垂线
- "圆，一中同长也。"——圆

战国时期庄周《庄子·天下篇》中有以下表述。

- "一尺之锤，日取其半，万世不竭。"——极限
- "同类相从，同声相应，固天理也。"——分类
- "至大无外谓之大一，至小无内谓之小一。"——无穷
- "飞鸟之影未尝动也；镞矢之疾，而有不行不止之时。"——可分性

---

① 张奠宙. 数学文化教程[M]. 北京：高等教育出版社，2013.

2.1.4　数学国粹——中国算筹

根据史书的记载和考古材料的发现,古代算筹(图2-4)实际上是一根根同样长短和粗细的小棍子,一般长为13~14cm,径粗0.2~0.3cm,多用竹子制成,也有用木头、兽骨、象牙、金属等材料制成的,大约270枚为一束,放在一个布袋里,系在腰部随身携带。需要计数和计算的时候,就把它们取出来,放在桌上、炕上或地上。别看这些都是一根根不起眼的小棍子,在中国数学史上它们却立有大功。而它们的发明同样经历了一个漫长过程。

图 2-4　算筹(1)

在算筹计数法中,以纵横两种排列方式来表示单位数目,其中 1~5 均分别以纵横方式排列相应数目的算筹来表示,6~9 则以上面的算筹再加下面相应的算筹表示(表2-1)。

表 2-1　算筹纵横表示法

纵式	│	║	║║	║║║	║║║║	┬	┬	║║	║║║
横式	─	═	≡	≣	≣─	⊥	⊥	⊥	⊥
数字	1	2	3	4	5	6	7	8	9

据《孙子算经》记载,算筹计数法则是:凡算之法,先识其位,一纵十横,百立千僵,千十相望,万百相当。《夏阳侯算经》说:“满六以上,五在上方,六不积算,五不单张。”

中国古代十进位制的算筹计数法,在世界数学史上是一个伟大创造。把它与世界其他古老民族的计数法作比较,其优越性是显而易见的。古罗马的数字系统没有位值制,只有七个基本符号,如要计稍大一点的数目就相当繁难。古美洲玛雅人虽然懂得位值制,但用的是 20 进位;古巴比伦人同样也知道位值制,但用的是 60 进位。20 进位至少需要 19 个数码,60 进位则需要 59 个数码,这就使计数和运算变得十分繁复,远不如只用 9 个数码便可表示任意自然数的十进位制简捷方便。中国古代数学之所以在计算方面取得诸多卓越成就,在一定程度上应该归功于这一符合十进位制的算筹计数法。卡尔·海因里希·马克思(Karl Heinrich Marx)在他的《数学手稿》一书中称十进位计数法为“最妙的发明之一”,一点也不为过。

活动探究

(1) 按照古代算筹的计数方式,图2-5 这组算筹代表的是什么?

图 2-5　算筹(2)

(2) 利用算筹计算122+167、2×3、12×3。

(3) 算筹乘法位数应如何确定?如何用算筹计算方程组?

深化感知

算筹的发明、运用及推广代表一个文明的缩影,作为新时代的青年,应传承数学文化,明晰经典发明创造。

2.2 汉唐——中国古代数学的奠基时期

2.2.1 中国古代算术最早的数学书

战国至两汉确定了中国传统数学的基本框架,魏晋至唐初建立了中国传统数学理论体系。

中国最古老的数学著作是《算术书》(公元前 202—前 186 年,图 2-6)。1983—1984 年,考古队员在湖北荆州张家山出土汉简 190 余枚(180 余枚较完整,10 余枚已残破,但编痕犹存),共 86 道题目,其中记录了整数和分数四则运算、各种比例、面积、体积、负数、双设法等,该著作比《九章算术》早了 200 多年,是中国数学史上的重大发现。

《数》:2007 年,湖南大学岳麓书院从中国香港收购一批秦简,其中 220 余枚是关于数学的,不晚于公元前 212 年。

《周髀算经》:原名《周髀》(图 2-7),现传本约成书于西汉时期(公元前 1 世纪),为赵君卿所作,北周时期甄鸾重述,唐代李淳风等注。它从数学上讨论中国古代"盖天说"宇宙模型,是中国最早的天文学和数学著作。[1] 该书在数学上的主要成就就是分数运算、勾股定理及其在天文测量中的应用。特别突出的是,该书中已有勾股定理的一般叙述,在世界上是较早的。

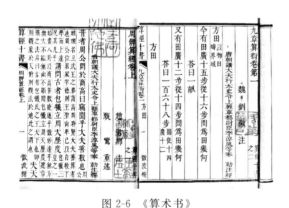

图 2-6 《算术书》

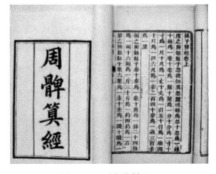

图 2-7 《周髀算经》

---

① 顾沛.数学文化[M].北京:高等教育出版社,2019.

在平面几何中有这样一条著名定理:直角三角形中,两直角边的平方和等于斜边的平方,即 $c^2 = a^2 + b^2$。西方人认为这条定理是毕达哥拉斯在公元前 500 年发现的,所以称为毕达哥拉斯定理。其实,在我国现存最早的数学著作《周髀算经》(上卷二)上就已经记载了公元前六七世纪荣方和陈子有关这条定理的一段对话(勾股定理的一般形式)。陈子说:"若求邪至日者,以日下为勾,日高为股,勾股各自乘,并而开方除之,得邪至日。"

早在公元前 11 世纪,数学家商高(西周初年人)就提出了"勾三股四弦五"的勾股定理特例。

东汉末年三国时期的吴国人赵爽详细解释了《周髀算经》中的勾股定理(图 2-8),将勾股定理表述为"勾股各自乘,并之,为弦实。开方除之,即弦"。他为此给出了新证明:"按弦图,又可以勾股相乘为朱实二,倍之为朱实四,以勾股之差自相乘为中黄实,加差实,赤成弦实。"

图 2-8 赵爽弦图

2.2.2 中国古代算术代表之作

《九章算术》(图 2-9)的成书最迟在东汉前期,现今流传最广的是三国时期魏元帝景元四年(263 年)刘徽为《九章》所作的注本。[①] 全书内容十分丰富,总结了战国、秦、汉时期的数学成就。同时,《九章算术》在数学上还取得了独到的成就,不仅最早提到分数问题,也首先记录了盈不足等问题,其中的《九章算术》还在世界数学史上首次阐述了负数及其加减运算法则,比印度早 800 年,比欧洲早 1 000 年。它是一本综合性的历史著作,是当时世界上最简练有效的应用数学,它的出现标志着中国古代数学形成了完整的体系。

---

① 蔡天新.数学简史[M].北京:中信出版集团,2017.

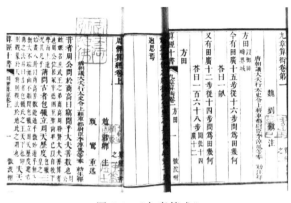

图 2-9　《九章算术》

活动探究

今有上禾三秉,中禾二秉,下禾一秉,实三十九斗;上禾二秉,中禾三秉,下禾一秉,实三十四斗;上禾一秉,中禾二秉,下禾三秉,实二十六斗;问上、中、下禾一秉各几何?

$$\begin{cases} 3x+2y+z=39 \\ 2x+3y+z=34 \\ x+2y+3z=26 \end{cases}$$

深化感知

如图 2-10 所示,今有池方一丈,葭生其中央,出水一尺,引葭赴岸,适与岸齐,问水深、葭长各几何?

图 2-10　水池

知识延伸_____

《九章算术》共九章 246 个问题,大家可以研读感兴趣的数学问题。

《九章算术》是几代人共同劳动的结晶,生产劳动是人类社会赖以生存和发展的基础,我们应牢固树立劳动最光荣、劳动最崇高、劳动最伟大、劳动最美丽的观念,提高劳动意识,培养科学精神,提高创造性劳动能力。

2.2.3　中国古代算术第一个数学家族

祖冲之(429—500 年)(图 2-11),字文远,生于丹阳郡建康县(今江苏南京),籍贯范阳郡遒县(今河北涞水县)。他一生钻研自然科学,主要贡献在数学、天文历法和机械制造三方面。祖冲之在数学方面最为人周知的是计算圆周率近似值,首次将圆周率精算到小数点后第七位,即在 3.141 592 6 和 3.141 592 7 之间,其代表作有《大明历》《缀术》。①

《隋书·律历志》中记载着祖冲之的研究成果:"古之九数,圆周率三,圆径率一,其术疏舛。自刘歆、张衡、刘徽、王蕃、皮延宗之徒各设新率,未臻折衷。宋末,南徐州从事史祖冲之更开密法,以圆径一亿为一丈,圆周盈数三丈一尺四寸一分五厘九毫二秒六忽,正数在盈朒二限之间。密率:圆径一百一十三,圆周三百五十五。约率:圆径七,周二十二。"

祖暅(gèng)(456—536 年)一作祖暅之,字景烁,范阳郡遒县(今河北涞水)人。中国南北朝时期数学家、天文学家,祖冲之之子。同父亲祖冲之一起圆满解决了球体积的计算问题,得到正确的体积公式,并据此提出了著名的"祖暅原理"(图 2-12)。

图 2-11　祖冲之

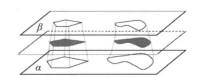

图 2-12　祖暅原理:"幂势既同则积不容异"

祖冲之父子总结了魏晋时期著名数学家刘徽的有关工作,提出"幂势既同则积不容异",即等高的两立体,若其任意高处的水平截面积相等,则这两立体体积相等,这就是著名的祖暅原理(或刘祖原理)。祖暅应用这个原理,解决了刘徽尚未解决的球体积公式。该原理在西方直到 17 世纪才由意大利数学家卡瓦列利(Cavalieri)发现,比祖暅晚 1 100 多年。祖暅是我国古代最伟大的数学家之一。

2.2.4　算经十书②

(1)《周髀算经》:汉代赵爽、甄鸾作过注,公元前 235—前 145 年成书。

(2)《九章算经》:西汉张苍(公元前 200 年)、耿寿昌(公元前 50 年)、刘歆(公元前 23 年)定稿。

(3)《孙子算经》:孙子,4 世纪,刘歆、甄鸾作过注。

(4)《五曹算经》:北周甄鸾,6 世纪,地方官员算术应用书。

---

① 杨涛,刘建亚.数学文化[M].广州:广东人民出版社,2022.
② 蔡天新.数学简史[M].北京:中信出版集团,2017.

（5）《夏侯阳算经》：夏侯阳，5 世纪，数学应用，保留资料。

（6）《张邱建算经》：张邱建，5 世纪，浅显介绍《九章算术》。

（7）《海岛算经》：刘徽，约 263 年，重差术测量高深。

（8）《五经算术》：北周甄鸾，6 世纪，儒家经籍中的数学知识。

（9）《缀术》：南北朝祖冲之，5 世纪，记载了推算圆周率的方法，可惜失传。

（10）《缉古算经》：唐代王孝通，7 世纪，十经最晚一本。研习九章、重差，结合土木工程实际计算，编 20 道题。世界上最早提出三次方程代数解法。对自己的《缉古算经》，他要求皇上"请访能算之人，考论得失。如有排其一字，臣欲谢千金"。

2.3   宋元——中国古代数学的全盛时期

2.3.1   杨辉三角形

杨辉三角形是二项式系数在三角形中的一种几何排列（图 2-13），在中国南宋数学家杨辉于 1261 年所著的《详解九章算法》一书中出现。在欧洲，布莱士·帕斯卡（Blaise Pascal）在 1654 年发现这一规律，所以这个三角形又叫作帕斯卡三角形。帕斯卡的发现比杨辉要迟 393 年，比贾宪迟 600 年。杨辉三角形是中国古代数学的杰出研究成果之一，它把二项式系数图形化，把组合数内在的一些代数性质直观地从图形中体现出来，是一种离散型的数与形的结合。

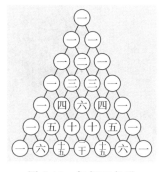

图 2-13   杨辉三角形

与杨辉三角形联系最紧密的是二项式乘方展开式的系数规律，即二项式定理。例如，在杨辉三角形中，第 3 行的 3 个数恰好对应两数和的平方的展开式的每一项的系数，即 $(a+b)^2 = a^2 + 2ab + b^2$ 第 4 行 4 个数恰好依次对应两数和的立方的展开式的每一项系数，即 $(a+b)^3 = a^3 + 3a^2b + 3ab^2 + b^3$，以此类推。

第 n 行的 m 个数可表示为 C_{n-1}^{m-1}，即为从 $n-1$ 个不同元素中取 $m-1$ 个元素的组合数，因此得出的二项式定理的公式为

$$(x+a)^n = \binom{n}{0} x^0 a^n + \binom{n}{1} x^1 a^{n-1} + \cdots + \binom{n}{n} x^n a^0 = \sum_{k=0}^{n} \binom{n}{k} x^k a^{n-k}$$

因此，二项式定理与杨辉三角形是一对天然的数形趣遇，它把数形结合带进了计算数学。求二项式展开式系数的问题，实际上是一种组合数的计算问题。用系数通项公式来计算，称为"式算"；用杨辉三角形来计算，称作"图算"。

现在，我们也可以通过编程实现杨辉三角形（图 2-14）。

```
1   #include<iostream>
2   #include<iomanip>
3   using namespace std;
4   int main()
5   {
6       const int n = 15;
7       const int m = 2 * n-1;
8       int arr[n + 1][m] = { 0 };
9       for (int i = 0; i < n; i++)
10      {
11          arr[i][n - i- 1] = 1;
12          arr[i][n + i -1] = 1;
13
14      }
15      for (int i = 2; i < n; i++)
16      {
17          for (int j = n - i + 1; j < n-2+i; j = j + 2)
18              arr[i][j] = arr[i - 1][j - 1] + arr[i - 1][j + 1];
19      }
20      int p;
21      for (int i = 0; i < n; i++)
22      {
23          for (int j = 0; j < n - i - 1; j++)
24              cout << "   ";
25          p = 1;
26          for (int j = n - i - 1; p < i + 2; j = j + 2)
27          {
28              cout << setw(4) << arr[i][j] << "    ";
29              p = p + 1;
30          }
31          cout << endl;
32      }
33      return 0;
34  }
```

图 2-14　杨辉三角形的 C++程序

2.3.2　中国剩余定理

秦九韶(1208—1268 年)(图 2-15)字道古,汉族,祖籍鲁郡(今河南省范县),出生于普州(今资阳市安岳县),南宋著名数学家,与李冶、杨辉、朱世杰并称宋元数学四大家。

秦九韶于 1247 年完成著作《数书九章》(图 2-16),全书九章十八卷,共九类:"大衍类""天时类""田域类""测望类""赋役类""钱谷类""营建类""军旅类""市物类",每类 9 题(9 问)共计 81 题(81 问)。[①] 该书内容丰富至极,上至天文、星象、历律、测候,下至河道、水利、建筑、运输,涵盖各种几何图形和体积,介绍钱谷、赋役、市场、牙厘的计算和互易。其中许多计算方法和经验常数至今仍有很高的参考价值和实践意义,被誉为"算中宝典"。其中的大衍求一术(一次同余方程组问题的解法也就是现在所称的中国剩余定理)、秦九韶算法(高次方程正根的数值求法)和三斜求积术是有世界意义的重要贡献,表述了一种求解一元高次多项式方程的数值解的算法——正负开方术。

---

① 顾沛.数学文化[M].北京:高等教育出版社,2019.

图 2-15　秦九韶

图 2-16　《数书九章十八卷》

1. 大衍求一术

它是中国古代求解一类大衍问题的方法。大衍问题源于《孙子算经》中的"物不知数"问题："今有物,不知其数,三三数之剩二,五五数之剩三,七七数之剩二,问物几何?"这是属于现代数论中求解一次同余式方程组问题。宋代数学家秦九韶在《数书九章》中对此类问题的解法作了系统的论述,并称为大衍求一术。秦九韶所发明的大衍求一术即现代数论中的一次同余式方程组解法,是中世纪世界数学的成就之一,比西方著名数学家高斯(Gauss)于 1801 年建立的同余理论早 554 年,被西方称为"中国剩余定理"。但是他求积公式的数学成就,比古希腊数学家海伦(Heron of Alexandria)晚了 1 000 多年。

用现代数学的语言来说明,中国剩余定理给出了以下的一元线性同余方程组有解的判定条件,并用构造法给出了在有解情况下解的具体形式:

$$
\begin{cases}
x \equiv a_1 \pmod{m_1} \\
x \equiv a_2 \pmod{m_2} \\
\vdots \\
x \equiv a_n \pmod{m_n}
\end{cases}
$$

中国剩余定理说明:假设整数 $m_1, m_2, \cdots, m_n$ 两两互质,则对任意的整数 a_1,$a_2, \cdots, a_n$,方程组有解,并且其通解可以用如下方式构造得到。

设 $M = m_1 \times m_2 \times \cdots \times m_n = \prod_{i=1}^{n} m_i$ 是整数 $m_1, m_2, \cdots, m_n$ 的乘积,并设

$$M_i = \frac{M}{m_i}, \quad \forall i \in \{1, 2, \cdots, n\}$$

是除 m_i 以外的 $n-1$ 个整数的乘积。

设 $t_i = M_i^{-1}$ 为 M_i 模 m_i 的数论倒数(算术倒数),即有

$$M_i t_i \equiv 1 \pmod{m_i}, \quad \forall i \in \{1, 2, \cdots, n\}$$

方程组的通解形式为

$$x = a_1 t_1 M_1 + a_2 t_2 M_2 + \cdots + a_n t_n M_n + kM = kM + \sum_{i=1}^{n} a_i t_i M_i, \quad k \in \mathbf{Z}$$

在模 M 的意义下，方程组只有一个解：$x = \left(\sum_{i=1}^{n} a_i t_i M_i \right) \bmod M$。

2. 秦九韶算法

一般地，一元 n 次多项式的求值需要经过 $\dfrac{(n+1)n}{2}$ 次乘法和 n 次加法，而秦九韶算法只需要 n 次乘法和 n 次加法，在人工计算时大幅简化了运算过程。如今，n 次多项式 $f(x) = a_n x^n + a_{n-1} x^{n-1} + \cdots + a_0$ 的求值可通过如下编程实现（图 2-17）。

3. 三斜求积术

秦九韶创用了"三斜求积术"，给出的已知三角形三边求三角形面积公式，与古希腊数学家海伦的公式完全一致。当然，秦九韶还给出了一些经验常数，如筑土问题中的"坚三穿四壤五，粟率五十，墙法半之"等，对当前仍有现实意义。秦九韶还在十八卷七十七问"推计互易"中给出了配分比例和连锁比例的混合命题的巧妙且一般的运算方法，至今仍有很大意义（图 2-18）。

```cpp
#include <iostream>
#include <cstdio>
#include <cstdlib>
#include <cmath>
using namespace std;
int main() {
    int n;
    cout << "请输入多项式的次数 ：";
    cin >> n;
    double *a = new double[n+1];//n次多项式申请n+1大小的数组
    cout << "请输入多项式的系数（最高次项开始）:" << endl;
    for(int i = n; i >= 0; i --)
        cin >> a[i];//读入各项系数
    double x0,ans=a[n];
    cout << "请输入 X0 " << endl;
    cin >> x0;
    for(int i = n-1;i >= 0;i --)
        ans = ans*x0 + a[i];//最高次项开始，往外展开
    cout << "多项式在x0处的函数值为: " << ans << endl;
    delete []a;//释放动态内存
    return 0;
}
```

图 2-17　n 次多项式求值的 C++ 程序

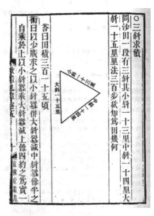

图 2-18　三斜求积原本

《数书九章》是对《九章算术》的继承和发展，概括了宋元时期中国传统数学的主要成就，标志着中国古代数学的高峰。当它还是抄本时就先后被《永乐大典》和《四库全书》收入，1842 年，该书在第一次印刷后便在民间广为流传。秦九韶创造的正负开方术和大衍求一术长期以来影响着中国数学的研究方向。焦循、李锐、张敦仁、骆腾凤、时曰醇、黄宗宪等数学家的著述都是在《数书九章》的直接或间接影响下完成的。秦九韶取得的成就堪称世界数学发展的主流与最高水平，在世界数学史上占有崇高的地位。

2.4　明清——数学及西学东渐时期

2.4.1　《几何原本》中国之路

1. 徐光启

徐光启(1562—1633 年,图 2-19)字子先,号玄扈,谥文定,上海人,万历进士,官至崇祯朝礼部尚书兼文渊阁大学士、内阁次辅;较早师从利玛窦学习西方的天文、历法、数学、测量和水利等科学技术,毕生致力于科学技术研究,是介绍和吸收欧洲科学技术的积极推动者,为 17 世纪中西文化交流作出了重要贡献。[①]

徐光启在数学方面的最大贡献当属他和利玛窦共同翻译的《几何原本》(前六卷)。徐光启在其中提出了实用的"度数之学"思想,还撰写了《勾股义》和《测量异同》两书。

徐光启最早把"几何"一词当作数学的专业名词来使用。《几何原本》的翻译极大地影响了中国原有的数学学习和研究习惯,改变了中国数学发展的方向,是中国数学史上的一件大事。但直到 20 世纪初,中国废科举、兴学校,以《几何原本》(图 2-20)为主要内容的初等几何学才成为中等学校必修科目。徐光启在修改历法的疏奏中,详细论述了数学在天文历法、水利工程、音律、兵器兵法与军事工程、会计理财、建筑工程、机械制造、舆地测量、医药、制造钟漏计时器十个方面的应用,还具体开展了这些方面的分科研究。

图 2-19　徐光启

图 2-20　《几何原本》第一卷

2. 李善兰

李善兰(图 2-21)原名李心兰,字竟芳,号秋纫,别号壬叔,出生于 1811 年 1 月 22 日,逝世于 1882 年 12 月 9 日,浙江海宁人,是中国著名的数学、天文学、力学和

①　杨涛,刘建亚.数学文化[M].广州:广东人民出版社,2022.

植物学家。他创立了二次平方根的幂级数展开式,研究了各种三角函数、反三角函数和对数函数的幂级数展开式(现称"自然数幂求和公式"),这是 19 世纪中国数学界的最大成就。[①]

图 2-21　李善兰

1840 年,鸦片战争爆发,各国入侵中国,激发了李善兰科学救国的思想。他说:"呜呼!今欧罗巴各国日益强盛,为中国边患。推原其故,制器精也,推原制器之精,算学明也。""异日(中国)人人习算,制器日精,以威海外各国,令震摄,奉朝贡。"(李善兰《重学》序)从此,他在家乡刻苦从事数学研究工作。

李善兰与伟烈亚力(Alexander Whlie)翻译的第一部书是欧几里得《几何原本》的后九卷内容。在译《几何原本》的同时,他又与艾约瑟(Joseph Edkins)合译了《重学》二十卷等西方数学著述。

李善兰在数学研究方面的成就主要是尖锥术、垛积术和素数论。尖锥术理论主要见于《方圆阐幽》《弧矢启秘》《对数探源》三种著作,成书时间约为 1845 年。当时解析几何与微积分学尚未传入中国。李善兰创立的"尖锥"概念是一种处理代数问题的几何模型,他对"尖锥曲线"的描述实质上相当于给出了直线、抛物线、立方抛物线等方程。

他创造的"尖锥求积术"相当于幂函数的定积分公式和逐项积分法则。他用"分离元数法"独立地得出了二项平方根的幂级数展开式,结合"尖锥求积术",得到了 π 的无穷级数表达式、各种三角函数和反三角函数的展开式及对数函数的展开式。

李善兰在使用微积分方法处理数学问题方面取得了创造性成就。垛积术理论主要见于《垛积比类》,写于 1859—1867 年,这是有关高阶等差级数的著作。李善兰从研究中国传统的垛积问题入手,获得了一些相当于现代组合数学中的成果。例如,"三角垛有积求高开方廉隅表"和"乘方垛各廉表"实质上是组合数学中著名的第一种斯特林数和欧拉数。而驰名中外的"李善兰恒等式"(组合数学中的一个恒等式)也在这本书中首次提出。

自 20 世纪 30 年代以来,《垛积比类》受到国际数学界的普遍关注和赞赏。可以说,《垛积比类》是早期组合论的重要杰作。其中,素数论主要见于《考数根法》,发表于 1872 年,这是中国在素数论方面最早的著作。在判别一个自然数是否为素数时,李善兰证明了著名的费马素数定理,指出了它在逆定理上的不合理性。

李善兰对经典力学在中国的传播同样作出卓越贡献。他将英国人胡威立(William Whewell)的《初等力学教程》(1833 年第 2 版)笔译(经艾约瑟口述)成中

① 杨涛,刘建亚.数学文化[M].广州:广东人民出版社,2022.

文,并于 1859 年由上海墨海书馆以《重学》的书名出版,共二十卷。这是第一本系统介绍力学的中译本。

李善兰在《重学》一书所写的序言中特别强调了动力学的内容:"推其暂如飞炮击敌,动重学也;推其久如五星绕太阳、月绕地,动重学也。""动重学之率凡三:曰力、曰质、曰速。力同,则质小者速大,质大者速小;质同,则力小者谜小,力大者速大。""动重学所推者力生速。凡物不能自动,力加之而动,若动后不复加力,则以平速动;若动后恒加力,则以渐加速动。""凡物旋动,必环重心,地动是也。二物相连而相绕,必环公重心,月地相摄而动是也。"李善兰与伟烈亚力合译的英国天文学家威廉·赫歇尔(Willim Herschel)所著的《天文学纲要》一书,中译本名为《谈天》,于1859 年出版发行,李善兰执笔时作了删略。该书不仅把近代天文学第一次系统地介绍到中国,而且引入了有关万有引力的学说和天体力学的内容。有些力学专门术语的中文译名,如摄动、章动等,最早见于《谈天》。此后,李善兰又着手翻译牛顿的《自然哲学的数学原理》,虽然译书工作并未完成,译稿也遗失了,但在李善兰成功地把牛顿力学介绍到中国后,西方近代科学的思想体系、观点和方法,以及近代科学史上的若干成就才为中国学者所熟悉和运用,激起了中国学者学习自然科学的热情。

2.4.2　中国古代算术第二个数学家族

梅文鼎(图 2-22)、梅以燕、梅毂成等祖孙五代十余人致力于天文历算研究长达100 多年,是安徽数学学派的中坚力量。梅以燕早逝,梅毂成主要跟随祖父梅文鼎学习数学。[①]

梅文鼎(1633—1721 年)字定九,号勿庵,汉族,宣州(今安徽省宣城市宣州区)人,清初天文学家、数学家,为清代"历算第一名家"和"开山之祖",被世界科技史界誉为与英国艾萨克·牛顿(Isaac Newton)和日本关孝和(Seki Takakazu)齐名的"三世界科学大巨擘"。

图 2-22　梅文鼎

梅文鼎毕生致力于复兴中国传统天文学和算学,并且推进中西天文学融合。梅文鼎在著作中再次阐明了已失传的古代历理、传统天文学中的许多方法。他又写了《交食》《七政》《五星管见》等书介绍第谷式(Tycho Brahe)的西方天文学。梅文鼎在另一部著作《历学疑问》中论述了中西历法的异同,并将许多西方天文学知识纳入中国古代学术体系中,如他称西学的"地球寒暖有五带",即《周髀算经》中的"七衡六间说"。他自撰的《勿庵历算书目》有天文数学著作七十余种,数学著作二十余种。而他的另一部著作《梅氏丛书辑要》共六十卷,其中数学著作十三种共四十卷。

梅文鼎的第一部数学著作是《方程论》,撰成于康熙十一年(1672 年)。1669 年,

① 杨涛,刘建亚. 数学文化[M]. 广州:广东人民出版社,2022.

杨光先因"历讼"失败而客死他乡。不久后,西洋教士趾高气扬,蔑视中国传统文化。梅文鼎抓住"方程"这一"非西方所有"的中国传统数学精华首先发论,展示中华数学的自豪感,是颇具爱国情怀的。他在成书后给数学家方中通(桐城人)的书信中显露出这一思想:"愚病西儒(指传教士)排古算数,著《方程论》,谓虽利氏(指利玛窦)无以难。"

1705 年,李光地向康熙推荐梅文鼎。1712 年,在康熙直接指导下,由梅毂成等人编辑完成了《律历渊源》(图 2-23)该丛书分 3 部分共 100 卷:《律吕正义》5 卷、《历象考成》42 卷和《数理精蕴》53 卷,分别论乐律、历法和数学。

《数理精蕴》(图 2-24)汇集了 1690 年后传入中国的数学知识,吸收了当时中国数学家的一些研究成果,是融中西数学于一体、内容丰富的初等数学百科全书。其上编"立纲明体"5 卷,包括"河图""洛书""数理本源""周髀算经"1 卷、"几何原本"3 卷、"算法原本"1 卷。《立纲明体》介绍了中国古代数学的"本源"和悠久历史;下编"分条致用"40 卷,介绍初等数学各部分内容,包括算术基础知识、平面几何及平面三角、立体几何中正多面体有关的计算、一元方程的布列及解法、对数求法及造表、三角函数造表法。

图 2-23 《律历渊源》

图 2-24 《数理精蕴》

梅文鼎撰写的《古今历法通考》是我国第一部力学著作,其数学巨著《中西数学通》几乎总括了当时世界数学的全部知识,达到当时我国数学研究的最高水平。康熙皇帝曾三次召见梅文鼎,并说:"历象算法,朕最留心,此学今鲜知者,如梅文鼎实仅见也。"

2.5 近现代数学发展时期

2.5.1 与世界接轨

1909 年,学部和外务部举行首次考选,录取 47 人,开启了中国学生赴美留学的先河。其中有后来成为清华大学终身校长的梅贻琦,北京高等农校校长金邦正,中国现代物理学奠基者之一胡刚复,中国现代化学开山者张子高,以及曾当选中国工程师学会会长的徐佩璜等(图 2-25)。这一举措不仅是中美文化交流的重要里程碑,而且对我国近代教育、科技乃至社会的发展产生了深远的影响。

图 2-25　第一批庚款留类学生照

2.5.2　走出国门,学习线性代数第一人

冯祖荀(图 2-26)是中国现代数学的早期代表人物之一,1880 年生于浙江杭县(今杭州市),1902 年考入京师大学堂师范馆,在学期间被选中留学。[①] 根据 1898 年中日政府间签订的中国向日本派遣留学生的协议,管学大臣张百熙于 1904 年 1 月 8 日奏请派京师大学堂学生出洋留学,奏折中称:"计自开学以来,将及一载,臣等随时体察,益觉资遣学生出洋之举,万不可缓。诚以必教育初基,从培养教员入手,而大学堂教习,尤当储之于早,以资任用。"折中所载京师大学堂速成科"31 人派赴日本游学"即列有冯祖荀之名。1904年,冯祖荀入日本京都第一高等学校(相当于高中)就读,后转至京都帝国大学理学部研读数学。

图 2-26　冯祖荀

在日本留学期间,冯祖荀和当时由北京赴日留学的若干学生发起成立了"北京大学留日学生编译社",该社"以讲求实学输入文明供政界之研究增益国民之知识为宗旨",要求其选择编译的题材"亦必以纯正精确可适用于中国为主"。该社出版的《学海》杂志,于 1908 年刊发,总发行所为上海商务印书馆。该刊分甲、乙两编,乙编涉及理工农医各科,首期首篇文章即为冯祖荀翻译的《物质及以脱论》(原著为英国博尔所写 *Matter and ether*)。《学海》是我国最早的科技译刊之一,对我国传播现代科学知识功不可没。

1911 年以后,冯祖荀多次担任北京大学数学系主任,对西方现代数学在中国的传播作出了重要贡献。

---

① 蔡天新.数学简史[M].北京:中信出版集团,2017.

2.5.3　中国第一位现代数学博士

胡明复(1891—1927 年,图 2-27)本名胡孔孙,后改名为达,字明复,于 1910 年与胡适等人一同考取了庚子赔款第二届留美生。1914 年秋天,胡明复考入哈佛大学研究院攻读数学博士学位,是中国在国外获得数学博士学位的第一人,他参与创建了中国最早的综合性科学团体中国科学社;并创办了最早的综合性科学杂志《科学》。[①]

图 2-27　胡明复

1917 年 9 月,胡明复离美回国。当时国内学术界对胡明复已十分熟悉,他收到不少大学的聘书,其中以北京大学最为诚恳,但都被他婉言谢绝。在美国时,他就立志要将其兄胡敦复主持的上海大同大学办成一所高水平学府,以实现教育救国的理想。1918 年起,胡明复创办了上海大同大学数学系。并在该系主持了多年工作。他对教学工作非常认真,善于用生动的语言讲述深奥难懂的问题。胡明复认为,大学生不能光啃书本,还必须学会独立思考和研究。他一到校就倡议成立了"大同大学数理研究会",成为培养学生能力的重要阵地。他在研究会做的"误差论"等讲演深受学生们欢迎。

2.5.4　国际数学泰斗

陈省身(1911—2004 年,图 2-28)祖籍浙江嘉兴,是 20 世纪最伟大的几何学家之一,被誉为"整体微分几何之父"。他是前中央研究院首届院士、美国国家科学院院士、第三世界科学院创始成员、英国皇家学会国外会员、意大利国家科学院外籍院士、法国科学院外籍院士、中国科学院首批外籍院士。[②]

陈省身给出了高维 Gauss-Bonnet(高斯–博内)公式的内蕴证明,被通称为 Gauss-Bonnet-Chern(高斯–博内–陈公式);他提出的"Chern Class(陈氏示性类)"成为经典杰作;他发展了纤维丛理论,其影响遍及数学的各个领域;他建立了高维复流形上的值分布理论,包括 Bott-Chern(博特–陈)定理,影响包括代数数论;他为广义积分几何奠定了基础,获得了基本运动学公式;他所引入的陈氏示性类与 Chern-Simons(陈–西蒙斯)微分式已深入数学以外的其他领域,成为理论物理的重要工具。

图 2-28　陈省身

① 蔡天新.数学简史[M].北京:中信出版集团,2017.
② 杨涛,刘建亚.数学文化[M].广州:广东人民出版社,2022.

2.5.5　典型群中国学派

华罗庚(1910—1985 年,图 2-29)出生于江苏省常州市金坛区,祖籍江苏丹阳,数学家。他是中国科学院院士、美国国家科学院外籍院士、第三世界科学院院士、联邦德国巴伐利亚科学院院士、中国科学院数学研究所研究员及原所长。[1]

华罗庚在解决高斯完整三角和的估计难题、华林和塔里问题改进、一维射影几何基本定理证明、近代数论方法应用研究等方面硕果累累。华罗庚早年的研究领域是解析数论,他在解析数论方面的成就广为人知,国际上颇具盛名的"中国解析数论学派"即是华罗庚开创的学派。该学派对质数分布问题与哥德巴赫猜想作出了许多重大贡献。

图 2-29　华罗庚

华罗庚也是中国解析数论、矩阵几何学、典型群、自守函数论等多方面研究的开拓者和创始人。华罗庚在多复变函数论、典型群方面的研究领先西方数学界十多年,是国际上有名的"典型群中国学派"。华罗庚开创中国数学学派,并带领其达到世界水平。

华罗庚在国际上以华氏命名的数学科研成果有"华氏定理""怀依-华不等式""华氏不等式""普劳威尔-加当华定理""华氏算子""华-王方法"等。

2.5.6　最美奋斗者

陈景润(1933—1996 年,图 2-30),男,汉族,福建福州人,中国著名数学家。1957 年 10 月,由于华罗庚教授的赏识,陈景润被调到中国科学院数学研究所,1981 年 3 月当选为中国科学院学部委员(院士)。[2]

陈景润主要从事解析数论研究,并在哥德巴赫猜想研究方面取得国际领先的成果。20 世纪 50 年代,他对高斯圆内格点、球内格点、塔里问题与华林问题作了重要改进。60 年代以来,他对筛法及其有关重要问题作了深入研究,1966 年 5 月证明了命题"1+2",将200 多年来人们未能解决的哥德巴赫猜想的证明大幅度推进了一步,这一结果被国际上誉为"陈氏定理",其后他又对此作了改进。

图 2-30　陈景润

2.6　学 思 践 悟

法国著名数学家亨利·庞加莱指出:如果我们想要预见数学的未来,最佳途径是研究这门科学的历史和现状。

①　杨涛,刘建亚.数学文化[M].广州:广东人民出版社,2022.
②　张奠宙.数学文化教程[M].北京:高等教育出版社,2013.

　　研究数学历史的意义在于弄清楚数学发展过程中的基本事实,延续人类文化的结晶,再现数学发展的本来面貌的同时透过其历史现象明晰数学理论和应用等成就的产生过程,再现数学家的思想和方法。

　　数学已经广泛影响人类的思想和生活,将数学文化史融入数学的教学过程,让学生了解数学知识的由来与发展,不仅可以培养学生的思维能力,更能让其塑造正确的数学理念。

模块3　探数学之趣

基本概念：

哥德巴赫猜想　黎曼猜想　费马猜想　走马灯数　回文数

兴趣是最好的老师,有"趣"是课堂的源泉,华裔诺贝尔物理学奖获得者崔琦先生说过:"喜欢和好奇比什么都重要。"

3.1　趣·游戏

3.1.1　抓堆游戏

有一堆谷粒(如100粒),甲、乙两人轮流抓,每次可抓1～5粒,甲先抓,规定谁抓到最后一把谁赢。问甲应该如何抓?

第一步,将问题一般化。

原问题中是"100粒"谷粒,现在把它一般化为"n粒"谷粒,问题变成:有一堆谷粒为n粒,甲、乙两人轮流抓,每次可抓1～5粒。甲先抓,规定谁抓到最后一把谁赢。问:甲应该如何抓才能赢? 为什么?

只要解决了这个一般化问题,原来的问题当然也就解决了。但似乎这个一般化问题难于原来的问题,一般化的做法合适吗? 应该看到,由于n的一般性,可以提出一系列问题,原来的问题成了系列问题中的一个,可以对照系列问题中的其他问题来解决。这么看来,问题反倒容易解决了。

第二步,将问题特殊化。

把一般化问题中的n再特殊化,分别看看有什么结论。

$n=1$时,因为甲先抓,甲当然一把就抓完了,也就是甲抓到了最后一把,所以甲赢。

$n=2$时,因为甲先抓,且每次可抓1～5粒,仍然甲赢。

$n=3$时,同样的道理,仍然甲赢。

类似地,

$n=4$时,甲赢。

$n=5$时,甲赢。

$n=6$ 时,情况不一样了,因为甲先抓,且每次只可抓 1~5 粒,"一把"是无论如何抓不完的,而剩下的谷粒将被乙一把抓完,也就是乙抓到了最后一把,所以乙赢。

$n=7$ 时,甲先抓,可以抓 1 粒,剩下 6 粒让乙抓,根据上面的推理,$n=6$ 时是后抓者赢,所以甲赢。

$n=8$ 时,甲先抓,可以抓 2 粒,剩下 6 粒让乙抓,根据上面的推理,$n=6$ 时是后抓者赢,所以甲赢。

类似地,

$n=9$ 时,甲赢。

$n=10$ 时,甲赢。

$n=11$ 时,甲赢。

$n=12$ 时,情况又不一样了,因为甲先抓,且每次只可抓 1~5 粒,最后会得到"乙赢"的结论。

$n=13$ 时,甲赢。

$n=14$ 时,甲赢。

······

第三步,猜测规律。

所谓规律性的东西,首先是猜测出的规律应该符合已经出现的所有情况,其次是用猜测出的规律去检测后面的某几种情况,也是符合的。

从"$n=6$ 时,乙赢""$n=12$ 时,乙赢",而其余情况都是甲赢,是否可猜测出"谷粒数是 6 的倍数时,后抓者赢"?或者用一种"反面说法",说成"把 6 的倍数留给乙方,甲会赢"?

这是我们猜测的规律,但它是不是真正的规律,还要经过证明或证否。

第四步,证明规律。

首先,$n=6$ 时命题成立,因为这时谷粒数等于 6,我们在"第二步,将问题特殊化"中已经证明过"$n=6$ 时后抓者赢"。

再设 $n=k-1$ 时命题成立,去证明 $n=k$ 时命题也成立。

"$n=k-1$ 时命题成立",意味着已知"把 $n=6(k-1)$ 留给乙方,甲会赢";要证明"$n=k$ 时命题也成立",即要证明"把 $n=6k$ 留给乙方,甲会赢"。下面就来证明。

把 $n=6k$ 留给乙方后,轮到乙抓,且每次只可抓 1~5 粒。如果乙抓 1 粒,甲就抓 5 粒;如果乙抓 2 粒,甲就抓 4 粒;如果乙抓 3 粒,甲就抓 3 粒;如果乙抓 4 粒,甲就抓 2 粒;如果乙抓 5 粒,甲就抓 1 粒。总之,保证甲与乙所抓的和为 6 粒。

这样再次留给乙的是 $n=6k-6$ 粒,即 $n=6(k-1)$ 粒。而根据归纳假设,已知"把 $n=6(k-1)$ 留给乙方,甲会赢",这就证明了"把 $n=6k$ 留给乙方,甲会赢";也即证明了"$n=k$ 时命题也成立"。

按照归纳法原理,命题对所有的自然数 k 成立。

证毕。

通过以上四个步骤,我们找到了关于"一般化"问题的规律,并证明了规律。再反观原来"有 100 粒谷粒"的问题,就知道甲有必胜策略。甲应该抓 4 粒,留下 96 粒给乙方。由于 96 是 6 的倍数,我们按照证明的规律"把 6 的倍数留给乙方,甲会赢",所以,知道这样抓甲才会赢。

活动探究

有 3 堆谷粒,如 100 粒、200 粒、300 粒,甲、乙两人轮流抓,每次只能从一堆中抓,最少抓 1 粒,可抓任意多粒,甲先抓,规定谁抓到最后一把谁赢。问:甲是否有必胜策略?甲应该如何抓才能赢?为什么?

深化感知

这里不是"就题解题",而是反映了解决某一类问题的一般过程。人们常说"数学是思维的体操",经过这一"体操"的训练,我们的思维得到了锻炼,希望大家在解决下面一个较难问题时能够有所借鉴、有所启发。

3.1.2　找次品游戏

有 5 个外形相同的乒乓球,其中只有 1 个质量不标准(或轻或重)的次品乒乓球。再给 1 个标准球。请用一架不带砝码的天平(图 3-1)(最多使用两次该天平)找出上述次品乒乓球。

解析:给 6 个乒乓球编号:标准球为 0 号球;其余 5 个球分别为 1～5 号球。这种编号方式给乒乓球添加了新信息,便于叙述。

(1) 把 0 号球和 1 号球放在天平的一侧,2 号球和 3 号球放在天平的另一侧,剩下 4 号球和 5 号球。

(2) 如果天平是平的,则天平上的 1 号球、2 号球和 3 号球都是标准球,剩下的 4 号球和 5 号球中有次品乒乓球,称 4 号球和 5 号球为"怀疑球"。再把 1 个标准球与这两个"怀疑球"中的任一个分别放在天平两侧。如果天平是平的,则两个"怀疑球"中的另一个是次品乒乓球;如果天平不平,则两个"怀疑球"中放在天平上的那个是次品乒乓球。

图 3-1　无砝码天平

(3) 如果天平不平(不妨设 2 号球和 3 号球那一侧较重),则剩下的 4 号球和 5 号球都是标准球,天平上的 1 号球、2 号球和 3 号球为"怀疑球"。再把 2 号球和 3 号球分别放在天平的两侧,如果天平是平的,则 1 号球是次品乒乓球;如果天平不平,则较重的那侧的是次品乒乓球(这是因为现在天平不平,说明"怀疑球"在 2 号球和 3 号球中,而刚才假设 2 号球和 3 号球那一侧是重的,说明次品球是比标准球重的,所以重的一侧就是次品球了)。

（1）有 4 个外形相同的乒乓球,其中只有 1 个质量不标准的次品乒乓球,再给 1 个标准球。请用一架不带砝码的天平(最多使用两次该天平)找出上述次品乒乓球,并判断它是重于标准球还是轻于标准球。

解析：给乒乓球编号:标准球为 0 号球;其余 4 个球分别为 1～4 号球。

① 把 0 号球和 1 号球放在天平的一侧,2 号球和 3 号球放在天平的另一侧,剩下 4 号球。

② 如果天平是平的,则剩下的 4 号球是次品乒乓球,再用一个标准球跟它比较,就可以判断它是重于标准球还是轻于标准球。

③ 如果天平不平(不妨设 2 号球和 3 号球那一侧较重),则剩下的 4 号球是标准球,天平上的 1 号球、2 号球和 3 号球为"怀疑球"。如果次品乒乓球在 2 号球和 3 号球中,则次品乒乓球重于标准球;如果次品乒乓球是 1 号球,则次品乒乓球轻于标准球。再把 2 号球和 3 号球分别放到天平两侧,如果天平是平的,则 1 号球是次品乒乓球,且它轻于标准球;如果天平不平,则 2 号球和 3 号球中较重的那侧的是次品乒乓球,它重于标准球。

这种方案共计使用两次天平,一定可以找出次品乒乓球,并判断它是重于标准球还是轻于标准球。

（2）有 12 个外形相同的乒乓球,其中只有 1 个质量不标准的次品乒乓球,请用一架不带砝码的天平,最多使用 3 次该天平,找出上述次品乒乓球,并判断它是重于标准球还是轻于标准球。

解析：给 12 个乒乓球编号 1～12 号球。

① 把 1、2、3、4 号球放在天平的一侧,把 5、6、7、8 号球放在天平的另一侧,剩下 9、10、11、12 号球。如果天平是平的,则说明天平上的 1～8 号球都是标准球,而次品乒乓球在剩下的 9、10、11、12 号球中,因此,我们就称 9、10、11、12 号球为"怀疑球"。至此,问题转化为在有标准球的前提下,从 4 个"怀疑球"中最多使用两次该天平找出次品乒乓球,并判断它是重于标准球还是轻于标准球。如果天平不平(不妨设 5、6、7、8 号球那一侧较重),则剩下的 9、10、11、12 号球是标准球,天平上的 1、2、3、4、5、6、7、8 号球为"怀疑球"。并且,如果次品乒乓球在 5、6、7、8 号球中,则次品乒乓球重于标准球;如果次品乒乓球在 1、2、3、4 号球中,则次品乒乓球轻于标准球。下面还有两次使用天平的机会。

② 把 1、2、5 号球从天平上拿下去,交换 4、8 号球的位置,在 3 号球一侧添加一个标准球,再称量一次。如果天平是平的,则说明天平上的球都是标准球,

而次品乒乓球在拿下去的 1、2、5 号球中，再把 1、2 号球分别放在天平两侧称量一次。如果天平是平的，则 5 号球是次品乒乓球，且次品乒乓球重于标准球。如果天平不平，则较轻的那一侧是次品乒乓球，且次品乒乓球轻于标准球。

③ 如果天平不平，且仍然 4、6、7 号球一侧较重，则说明拿下去的 1、2、5 号球都是标准球，被交换的 4、8 号球也都是标准球，只有 3、6、7 号球为"怀疑球"。并且，如果次品乒乓球在 6、7 号球中，则次品乒乓球重于标准球；如果次品乒乓球是 3 号球，则次品乒乓球轻于标准球。下面还有一次使用天平的机会。再把 6、7 号球分别放在天平两侧称量一次，如果天平是平的，则 3 号球是次品乒乓球，且次品乒乓球轻于标准球；如果天平不平，则较重的那一侧的是次品乒乓球，且次品乒乓球重于标准球。

如果天平不平，且倾斜情况与上次相反，即 4、6、7 号球一侧较轻，则说明被交换的 4、8 号球为"怀疑球"，其余都是标准球。下面还有一次使用天平的机会，天平一侧放一个标准球，另一侧放 8 号球，再次称量，如果天平是平的，则 4 号球是次品乒乓球，且次品乒乓球轻于标准球；如果天平不平，则 8 号球是次品乒乓球，且次品乒乓球重于标准球。

至此，任务全部完成。这种方案使用该天平共计 3 次，一定可以从 12 个乒乓球中找出唯一的次品，并判断它是重于标准球还是轻于标准球。

☞ 深化感知

上面的方法以最少的称量次数产生最大的"效益"，是"最优化"的方法。数学中经常有"最优化"的思想，读者可以自己举例说明。分析一下，为什么这种方法能够产生最大的效益？

回过头来，看看不带砝码的天平都能做什么？怎样能够发挥"不带砝码的天平"的最大效益？

"不带砝码的天平"只能称重天平两端是平还是不平，以及天平不平时哪侧重。请考虑，把需要判别的一堆乒乓球（大致平均）分成几份，才能够更好地发挥"不带砝码的天平"的效益呢？注意，答案不是两份，而是 3 份！因为这样做称量时无论天平是平还是不平，都会给我们带来关于未放在天平上的那堆乒乓球的信息。所以我们一开始时把 12 个乒乓球平均分为 3 份。后来的步骤也始终顾及剩下的乒乓球的个数，如果天平是平的，余下的机会能够判断剩下的那些乒乓球，以致只剩一次机会时，我们仍然能够判断 3 个乒乓球，等等。

仔细回顾上面的过程，可以发现这一游戏与"3"有密切的关系。读者如果有兴趣，可以就此深入钻研，会有收获的。

知识延伸———————

如果只要求找出次品乒乓球，并不要求判断次品是过重还是过轻，那么 3 次使用不带砝码的天平，最多可以从多少个乒乓球中找出唯一的次品？

_____ _____

3.2 趣·猜想

3.2.1 哥德巴赫猜想

1742 年，克里斯蒂安·哥德巴赫（Christian Goldbach）在给莱昂哈德·欧拉（Leonhard Euler）的信中提出了以下猜想：任一大于 2 的整数都可写成三个质数之和（图 3-2）。但是哥德巴赫自己无法证明它，于是就写信请教赫赫有名的大数学家欧拉帮忙证明，但是欧拉一直也无法证明。因现今数学界已不使用"1 也是素数"这个约定，原初猜想的现代陈述为：任一大于 5 的整数都可写成三个质数之和（$n>5$：当 n 为偶数时，$n=2+(n-2)$，$n-2$ 也是偶数，可以分解为两个质数的和；当 n 为奇数时，$n=3+(n-3)$，$n-3$ 也是偶数，可以分解为两个质数的和）。欧拉在回信中也提出另一等价版本，即任一大于 2 的偶数都可写成两个质数之和。今日常见的猜想陈述为欧拉的版本，也称为"强哥德巴赫猜想"或"关于偶数的哥德巴赫猜想"。把命题"任一充分大的偶数都可以表示成一个素因子个数不超过 a 的数与另一个素因子个数不超过 b 的数之和"记作"$a+b$"，1966 年陈景润证明了"$1+2$"成立，即"任一充分大的偶数都可以表示成两个素数的和，或是一个素数和一个半素数的和"。

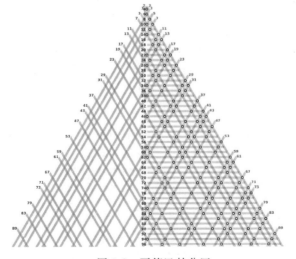

图 3-2 哥德巴赫分区

从关于偶数的哥德巴赫猜想可推出：任何一个大于 7 的奇数都能被表示成三个奇质数的和。后者称为"弱哥德巴赫猜想"或"关于奇数的哥德巴赫猜想"。若关于偶数的哥德巴赫猜想是对的，则关于奇数的哥德巴赫猜想也会是对的。

3.2.2　黎曼猜想

黎曼猜想（黎曼假设）是关于黎曼函数的零点分布的猜想，由数学家波恩哈德·黎曼（Bernhard Riemann）（图 3-3）于 1859 年提出。德国数学家戴维·希尔伯特（David Hilbert）在第二届国际数学家大会上提出了 20 世纪数学家应当努力解决的 23 个数学问题，其中便包括黎曼猜想。现今，克雷数学研究所悬赏的世界七大数学难题中也包括黎曼猜想。

图 3-3　波恩哈德·黎曼

虽然在知名度上，黎曼猜想不及费马猜想和哥德巴赫猜想，但它在数学上的重要性远远超过后两者，是当今数学界最重要的数学难题，当今数学文献中已有超过一千条数学命题以黎曼猜想（或其推广形式）的成立为前提。

2018 年 9 月，迈克尔·阿蒂亚（Michael Atiyah）声明证明黎曼猜想，于 9 月 24 日海德堡获奖者论坛上宣讲。9 月 24 日，迈克尔·阿蒂亚贴出了他证明黎曼猜想的预印本，但是这一证明并不成立。

具体内容：黎曼观察到，素数的频率紧密相关于一个精心构造的所谓黎曼 zeta 函数 $\zeta(s) = \sum_{n=1}^{\infty} \frac{1}{n^s} [\mathrm{Re}(s) > 1, n \in \mathbf{N}^+]$ 的性态。黎曼猜想断言，方程 $\zeta(s) = 0$ 的所有有意义的解都在一条直线上。

黎曼猜想至今尚未被成功证明。

3.2.3　费马猜想

1637 年左右，法国学者皮埃尔·德·费马（Pierre de Fermat）（图 3-4）在阅读丢番图（Diophatus）《算术》拉丁文译本时，曾在第 11 卷第 8 命题旁写道："将一个立方数分成两个立方数之和，或一个四次幂分成两个四次幂之和，或者一般地将一个高于二次的幂分成两个同次幂之和，这是不可能的。关于此，我确信已发现了一种美妙的证法，可惜这里空白的地方太小，写不下。"

由于费马没有写下证明，但他的其他猜想对数学贡献良多，由此激发了许多数学家对这一猜想的兴趣。数学家们的有关工作丰富了数论内容，其涉及的许多数学手段推动了数论发展。

18 世纪，瑞士数学家欧拉仅仅做出了 $n=3$ 的证明；19 世纪，德国著名数学家高斯曾经研究过它，但终因得不到结果而放弃；20 世纪，当大数学家希尔伯特被劝说去破

图 3-4　皮埃尔·德·费马

解费马猜想时,他却说他不愿意"杀死这只会下金蛋的鹅"。为什么这么说呢? 原来对费马猜想长达 3 个多世纪的研究中,发展出了很多绝妙的数学概念和理论,甚至还产生了数学分支,证明费马猜想的过程是一部数学史,也是"20 世纪最辉煌的数学成就"。

3.3　趣·数式

3.3.1　走马灯数

图 3-5 中这串数字 142857 是在埃及金字塔发现的,又叫作走马灯数,是世界上最著名的几个数之一。当 142 857 与 1~6 中任意一个数字相乘时,乘积中仍然是 1、4、2、8、5、7 这六个数字轮流出现。它证明一个星期有七天,自我累加一次,依旧是六个数字的组合,到了第七天就是 142 857×7=999 999,每个星期一个轮回,如果仔细研究,会发现很多有趣的事情。所以很多人说,

图 3-5　神秘数字
142857

神秘数字 142 857 前六天都"上班",只有第七天休息,让 999 999 接班,其他的数字"放假"。这样的说法很有意思,接下来我们看看 142 857 有哪些神秘之处。

$$142\ 857×1=142\ 857(原数字)$$
$$142\ 857×2=285\ 714(轮值)$$
$$142\ 857×3=428\ 571(轮值)$$
$$142\ 857×4=571\ 428(轮值)$$
$$142\ 857×5=714\ 285(轮值)$$
$$142\ 857×6=857\ 142(轮值)$$
$$142\ 857×7=999\ 999(放假,由\ 9\ 代班)$$

3.3.2　回文数

回文是指正读反读都能读通的句子,它是古今中外都有的一种修辞方式和文字游戏,如"我为人人,人人为我"等。在数学中也有一类数字有这样的特征,称为回文数(palindrome number)。

自然数中的回文数:

1、2、3、4、5、6、7、8、9、11、22、33、44、55、66、77、88、99、101、111、121、131、141、151、161、171、181、191、202、212、222、232、242、252、262、272、282、292、303、313、323、333、343、353、363、373、383、393、404、414、424、434、444、454、464、474、484、494、505、515、525、535、545、555、565、575、585、595、606、616、626、636、646、656、666、676、686、696、707、717、727、737、747、757、767、777、787、797、808、818、828、838、848、858、868、878、888、898、909、919、929、939、949、959、969、979、989、999

平方数中的回文数：

$$1 \times 1 = 1$$
$$11 \times 11 = 121$$
$$111 \times 111 = 12\ 321$$
$$1\ 111 \times 1\ 111 = 1\ 234\ 321$$
$$11\ 111 \times 11\ 111 = 123\ 454\ 321$$
$$111\ 111 \times 111\ 111 = 12\ 345\ 654\ 321$$
$$1\ 111\ 111 \times 1\ 111\ 111 = 1\ 234\ 567\ 654\ 321$$
$$11\ 111\ 111 \times 11\ 111\ 111 = 123\ 456\ 787\ 654\ 321$$
$$111\ 111\ 111 \times 111\ 111\ 111 = 12\ 345\ 678\ 987\ 654\ 321$$

3.4　学 思 践 悟

水本无华,相荡乃成涟漪;石本无火,相击而发灵光。本模块通过一组组生动活泼的图画、游戏及有趣的数学问题,展现了数学文化的趣味与芬芳,产生奇妙的视觉效果,激发学生学习数学的兴趣和进一步探究的愿望。陈省身先生从十几岁就觉得数学好玩,也正因为觉得数学好玩,他才兴致勃勃地玩个不停,成了数学大师。

模块 4　感数学之美

数学是壮丽多彩,千姿百态,引人入胜的。认为数学枯燥乏味的,只是看到数学的严谨性,没有体会出数学的内在美。[①]

——华罗庚

有些人认为了解数学的美是"无用"的,了解探索数学的美也是"无用"的,或者说,他们认为美本身就是"无用"的。但如果数学的美能够减轻人们对这门学科枯燥无聊的刻板印象,或者探究数学这一行为能带给人意外的欣喜,这种美本身就是有价值的。而我们了解这些"美"的意义便在于学会了从生活的成品中看穿其包含的思想。

基本概念:

数的金字塔　回文数　黄金比例　回文诗　斐波那契数列

4.1　方兴未艾的数学美

4.1.1　端倪初现的数学美

在古代文明社会中,数学美似"犹抱琵琶半遮面"的公主,有了开端和萌芽,我们称公元前 600 年以前的数学为早期数学,那时候的数学伴随着一种朦胧而神秘的美。这种美表现在人类对数字的崇拜上,由于受识数能力限制,原始初民能认识的数仅限于前十个数。这前十个数都具有神秘色彩。

"一":在整个人类文化中享有崇高的地位,是一个很伟大、很恢弘、很神圣、很有气势的数字。我国古代把"一"称为太极或无极,是"天数"之首,是善、秩序、完美、幸福的象征,同时也指代自然界和万物之始,老子的"道生一,一生二,二生三,三生万物"中的"一"即是最好写照。

"二":作为"一"的对立面而出现。在中国传统文化中,"二"(常等同于"贰"或"两")表示分裂、示恶、分心。所谓"贱二贵一"、二心或贰心就是证明。"二"或"贰"往往具有贬义。《现代汉语词典》第 6 版第 1 次印刷的第 347 页中对"贰"的释义是"变节、背叛"。

---

① 傅延欣,韩伟,王德,等.数学美[M].北京:电子工业出版社,2009.

"三"：在中国古代社会中，"三"是一个很大的数字，"三"具有"多""无限"的意思，成语韦编三绝、狡兔三窟、三人成虎、三令五申、三思而行、三过其门而不入中的"三"就是"多"的意思。汉字在形成的过程中，原始思维对造字者有着深刻影响。汉字中有许多字，如众、磊、森、淼、晶、毳、焱，分别由三个人、石、木、水、日、毛、火组成，都有"多"的意思。在古中国、古印度、古巴比伦都存在"三位一体"的观念，我们所生活的地球也是一个"三"维空间。

"四"："四"的神圣性意义在于它是与方位联系在一起的。东方、西方、南方、北方合称"四方"。四方空间观念确立之日，也就是数字"四"的神秘色彩被赋予之时。对"四"最为崇拜的要数古希腊的毕达哥拉斯学派，他们把"四"看作仅次于"一"的重要的数，是宇宙创造主的象征，物质对象就是在点、线、面、体这种"四"的流动过程中产生出来的。

"五"："五"的神秘意义在于它更强调空间方位，与"四"代表的空间方位不同的是，"五"代表的空间方位是东西南北加上"中"。从中国文化的发展历史来看，"五"出于"四"而胜于"四"。在中国文化中，许多自然现象、社会现象都被纳入"五"的范畴。如"五官"（司徒、司马、司空、司士、司寇）、"五事"（貌、言、视、听、思）、"五典"（父义、母慈、兄友、弟恭、子孝）、"五礼"（天子、诸侯、卿大夫、士、庶人）、"五爵"（公、侯、伯、子、男）、"五服"（天子、诸侯、卿、大夫、士五）等服式、"五谏"（讽谏、顺谏、窥谏、指谏、陷谏），还有"五谷""五彩""五更""五脏""五声""五湖""五岭""五味""五禽""五毒""五牲""五音"等。

"六"：在中国文化中，同神秘数字"四""五"一样，"六"的神秘意义也在于它代表的空间方位意识。最早的空间方位意识是四方位，之后才出现五方位和六方位意识。六方位是在四方位的基础上增加代表上和下的天地二方。在中国古代文化中，六方位常被称为"六合""六极"。

"七"：在中国古代历法中，正月初七是"人日"，相传，女娲补天后花了六天时间造出了鸡狗猪羊牛马六种动物，第七天造出了人类，所以中国人的正月初七就是"人日"；中国的七夕节是在七月初七。在西方传说中，上帝虽是在第六天造出了人类，但是上帝是在第七天完成了创世之功，随后便休息了。所以第七天也就成为人类的休息日，即"安息日"。这就是一个星期有七天的来源，而上帝之子耶稣也是在星期天复活的，所以七这个数字有着"生"的寓意。地球的七大洲、人体的七窍、音律的七音，就连素数 7 也与 1、2、3、5 这 4 个 10 以内的素数与众不同。这些究竟是巧合还是冥冥之中早有注定，还有待科学家们研究。

"八"：在当今中国，"八"很红火，但在中国古代，若不是八卦拯救了"八"，"八"也许会躲在偏僻的角落里暗泣。我国上古流行结绳记事，八卦即是从结绳而来。"卦"悬挂之"挂"，绳必须挂，其数为八，故曰"八卦"。《易传》言八卦生于太极，太极是顶高的一条栋梁，八卦挂于太极之下，以此为发布法律命令的工具。到伏羲时代，因结绳呆板笨重,改以颜色取代,故称"画八卦"。后来,人们发明了文字,就不用八卦发布法律命令了。此后,八卦之象被说成是平面上的八个方位,即指东、东南、南、西南、西、西北、北、东北。八个方位被称为"八极""八维",从而派生出了许多带"八"的词语。

"九":在中国文化中,"九"是一个极数、大数。"九"是帝王的象征,如"九五至尊"指帝位,"九龙"指皇宫大殿,"九鼎"象征着最高权力、象征着皇权。

"十":如果说"九"是最大的天数,那么,"十"则是最大的地数。所以,"十"也是"数之极"。人们在运用"十"时,从"十"的这两种含义中引申出极限、全部、多远等含义,生成了许多带"十"的词组,如十全十美、十拿九稳、一目十行,等等。

4.1.2　情窦初开的数学美

从数学史的观点看,自公元前 600 年,古典希腊数学产生开始,到十五六世纪欧洲文艺复兴时期,人们已经开始注意到数学与美学之间的关系,并对这种关系进行了有意识的探索与论述,促进了数学美的发展,所以这一时期可以称为数学美的萌芽时期。在数学发展的历史长河中,古希腊时期始终被认为是一个有重要意义的历史阶段。考察这个时期形成的数学美思想,对深入理解数学美的本质和展开深入的研究具有重要价值。希腊文化的核心是关注人与自然、人与社会的和谐。希腊人在继承重视思辨、推崇理性的文化传统中成长,善于从哲学的高度去认识事物。因此,古希腊的数学家们,如毕达哥拉斯、柏拉图、亚里士多德发现数学中存在美,还描述了数学中以和谐、简单、明确和秩序为代表的美的特征。希腊人认为数学不只是一种实用工具,更是一种认识世界的理性思维方式,是一种解释世界的独特方式。

人们在这个时期初步总结了大自然数的本质规律,认识到各种数字和图形的比例和秩序关系,提出了抽象的点、线、面的概念,创立发展了数学演绎体系,并将其综合归纳使之系统化,从而作为一门科学学科来研究。

讨论古希腊数学家对数学美的研究,无疑是从被称为数学美鼻祖的毕达哥拉斯开始。在当时的条件下,他就认识到数学美的存在并揭示了数学美的重要特征,为这个世界打开了数学之美的大门。

毕达哥拉斯学派认为自然美的规律可以用数学的形式来描述,并提出了当时被看作真理的著名观点"万物皆数",即万物都是合乎一定的比例和匀称的。正因为毕达哥拉斯学派把"数"当作万物本原,世界都可归结为数与数的比例,所以"美就是由一定的数量关系构成的和谐,和谐美是数学美的主要特征"。他们以发现勾股定理(毕达哥拉斯定理)闻名于世,并且希望用它去探索永恒的真理。

数学中的许多图形都很规则,符合对称美的特征,早在两千多年前,古希腊哲学家、数学家毕达哥拉斯曾说:"一切立体图形中最美的是球形,一切平面图形中最美的是圆形。"毕达哥拉斯学派对自然界中的美学现象作数学分析所概括出数学美丽的特征,说明了自然美与数学美具有同一性,自然在一定程度上是按照数学美的形式存在的,数学美是自然美的客观反映。

4.1.3　日新月异的数学美

17世纪在数学史上是很引人注目的,微积分的问世宣告了变量数学、高等数学的产生,是现代数学的开端,我们也把这个时期称为数学美的发展时期。说它是数学美的发展时期,理由有三:第一,这一时期的数学美的表现形式是高层次的、内层次的,主要是数学理论的内部逻辑结构呈现出来的神秘美(内在美);第二,这一时期的数学家们形成了独特的方法论思想,他们一方面致力于数学美学方法的运用,另一方面又在考虑数学方法的优美性;第三,这一时期,特别是20世以来,对于数学美学的审美标准有了较为一致的认识,并且对传统数学的美学思想也有新的突破,不断丰富了传统数学的美的思想。

4.2　成效显著的数学美

4.2.1　探源溯流的数学美

简洁性、和谐性、对称性、奇异性是数学美的特征,因此,追求数学的简洁性、和谐性、对称性、奇异性成为探索数学真理的指路明灯。例如,1772年,德国一位中学教师提丢斯发现了一个关于太阳系中行星轨道的简单几何学规则;1776年,柏林天文台的台长约翰·埃勒特·波得(Johann Elert Bode)在提丢斯的基础上将该规则归纳成一个经验公式,将其命名为"提丢斯-波得定则(Titius-Bode law)",为人们提供了一种测算太阳与诸行星之间距离的经验法则。设地球与太阳距离是10(天文单位),则太阳与各行星的距离如表4-1所示。

表4-1　太阳与各行星的距离表　　　　　　　　　单位:天文单位

行星名	水星	金星	地球	火星	木星	土星
与太阳的距离	4	7	10	16	52	100
距离减4后	0	3	6	12	48	96

表4-1中最后一行数字,若在12与48之间填上24,除去0,这行数字就是一个以2为公比的等比数列,表现出了规律与和谐美。少了24,这个规律就不美、不和谐。1781年,天王星被发现,它与太阳的距离为192(96×2+4=196,它与实际距离非常相近),从数列的和谐性来看,人们怀疑在距离为28的位置上还有一颗小行星。这促使天文学家去观察寻找。20年后,到1801年1月1日,意大利天文学家朱塞普·皮亚齐(Giuseppe Piazze)偶然在那个位置发现了一颗小行星,命名为谷神星,实现了理论

与实践的和谐一致性。由此可见,谷神星的发现正是在数学和谐美的指导下才成功的。

4.2.2　"调皮"的海王星

海王星是太阳系的第八大行星(图 4-1),是一个巨行星,也是唯一利用数学预测而非有计划的观测发现的行星。天王星的发现对当时的天文学家们而言是非常兴奋的,但是在科学家的计算和观测中,发现天王星被观测到的运行轨道和位置与理论计算出的结果有很大误差,所以人们得出结论:在计算过程中,应该是有某个影响因素没有考虑进去,导致了理论计算与实际观察的偏差(实际上天王星背后还有一个海王星,海王星和天王星之间的引力作用就是那个没有被考虑进去的影响因素)。在当时,除天王星以外是不是还有新的行星一直是个谜。直到 1846 年,一位法国天文学家根据对天王星运行的实际观测和理论计算的偏差,经过计算得出了结果,结果中包括天王星后面的这颗新行星的运行轨道、质量和当时的位置,并把自己的计算结果交给了柏林天文台的天文学家约翰·戈特弗里德·伽勒(Johann Gottfried Galle),伽勒和他的助手将天文望远镜指向了计算结果中行星的位置,仅仅半小时就发现了一颗在星图上没有标出的行星——海王星。这就是人类用笔头最早计算出的行星,之后,数学家和天文学家受到这个计算方法的启发,在 1915 年,美国天文学家珀西瓦尔·劳伦斯·罗威尔(Percival Lawrence Lowell)用同样的方法算出了太阳系中的矮行星——冥王星的存在。

图 4-1　太阳系八大行星分布图

人类发现海王星、冥王星首先都是由数学计算出来的,但海王星、冥王星是客观存在的,它们的运行轨道也是客观存在的,从而间接证明数学存在于大自然中,需要人们去发现这些数学知识,并运用这些数学知识去解决生活实际问题。

4.3　回味无穷的数字美

4.3.1　数的金字塔

有些时候,数学的魅力来自数系的本质,观察、欣赏这种美,对这些数字之美产生一种鉴赏力,比如:

$$1 \times 1 = 1$$
$$11 \times 11 = 121$$
$$111 \times 111 = 12\ 321$$
$$1\ 111 \times 1\ 111 = 1\ 234\ 321$$
$$11\ 111 \times 11\ 111 = 123\ 454\ 321$$
$$111\ 111 \times 111\ 111 = 12\ 345\ 654\ 321$$
$$1\ 111\ 111 \times 1\ 111\ 111 = 1\ 234\ 567\ 654\ 321$$
$$11\ 111\ 111 \times 11\ 111\ 111 = 123\ 456\ 787\ 654\ 321$$
$$111\ 111\ 111 \times 111\ 111\ 111 = 12\ 345\ 678\ 987\ 654\ 321$$

$$1 \times 8 + 1 = 9$$
$$12 \times 8 + 2 = 98$$
$$123 \times 8 + 3 = 987$$
$$1\ 234 \times 8 + 4 = 9\ 876$$
$$12\ 345 \times 8 + 5 = 98\ 765$$
$$123\ 456 \times 8 + 6 = 987\ 654$$
$$1\ 234\ 567 \times 8 + 7 = 9\ 876\ 543$$
$$12\ 345\ 678 \times 8 + 8 = 98\ 765\ 432$$
$$123\ 456\ 789 \times 8 + 9 = 987\ 654\ 321$$

$$0 \times 9 + 1 = 1$$
$$1 \times 9 + 2 = 11$$
$$12 \times 9 + 3 = 111$$
$$123 \times 9 + 4 = 1\ 111$$
$$1\ 234 \times 9 + 5 = 11\ 111$$
$$12\ 345 \times 9 + 6 = 111\ 111$$
$$1\ 234\ 567 \times 9 + 7 = 1\ 111\ 111$$
$$12\ 345\ 678 \times 9 + 8 = 11\ 111\ 111$$
$$123\ 456\ 789 \times 9 + 9 = 111\ 111\ 111$$

$$12\ 345\ 679 \times 9 = 111\ 111\ 111$$
$$12\ 345\ 679 \times 18 = 222\ 222\ 222$$
$$12\ 345\ 679 \times 27 = 333\ 333\ 333$$
$$12\ 345\ 679 \times 36 = 444\ 444\ 444$$
$$12\ 345\ 679 \times 45 = 555\ 555\ 555$$
$$12\ 345\ 679 \times 54 = 666\ 666\ 666$$
$$12\ 345\ 679 \times 63 = 777\ 777\ 777$$
$$12\ 345\ 679 \times 72 = 888\ 888\ 888$$
$$12\ 345\ 679 \times 81 = 999\ 999\ 999$$

$$987\ 654\ 321 \times 9 = 08\ 888\ 888\ 889$$
$$987\ 654\ 321 \times 18 = 17\ 777\ 777\ 778$$
$$987\ 654\ 321 \times 27 = 26\ 666\ 666\ 667$$
$$987\ 654\ 321 \times 36 = 35\ 555\ 555\ 556$$
$$987\ 654\ 321 \times 45 = 44\ 444\ 444\ 445$$
$$987\ 654\ 321 \times 54 = 53\ 333\ 333\ 334$$
$$987\ 654\ 321 \times 63 = 62\ 222\ 222\ 223$$
$$987\ 654\ 321 \times 72 = 71\ 111\ 111\ 112$$
$$987\ 654\ 321 \times 81 = 80\ 000\ 000\ 001$$

$$0 \times 9 + 8 = 8$$
$$9 \times 9 + 7 = 88$$
$$98 \times 9 + 6 = 888$$
$$987 \times 9 + 5 = 8\ 888$$
$$9\ 876 \times 9 + 4 = 88\ 888$$
$$98\ 765 \times 9 + 3 = 888\ 888$$
$$987\ 654 \times 9 + 2 = 8\ 888\ 888$$
$$9\ 876\ 543 \times 9 + 1 = 88\ 888\ 888$$
$$98\ 765\ 432 \times 9 + 0 = 888\ 888\ 888$$

$$1 \times 8 = 8$$
$$11 \times 88 = 968$$
$$111 \times 888 = 98\ 568$$
$$1\ 111 \times 8\ 888 = 9\ 874\ 568$$
$$11\ 111 \times 88\ 888 = 987\ 634\ 568$$
$$111\ 111 \times 888\ 888 = 98\ 765\ 234\ 568$$
$$1\ 111\ 111 \times 8\ 888\ 888 = 9\ 876\ 541\ 234\ 568$$
$$11\ 111\ 111 \times 88\ 888\ 888 = 987\ 654\ 301\ 234\ 568$$
$$111\ 111\ 111 \times 888\ 888\ 888 = 98\ 765\ 431\ 901\ 234\ 568$$
$$1\ 111\ 111\ 111 \times 8\ 888\ 888\ 888 = 987\ 654\ 321\ 791\ 234\ 568$$

$$999\ 999 \times 1 = 0\ 999\ 999$$
$$999\ 999 \times 2 = 1\ 999\ 998$$
$$999\ 999 \times 3 = 2\ 999\ 997$$
$$999\ 999 \times 4 = 3\ 999\ 996$$
$$999\ 999 \times 5 = 4\ 999\ 995$$
$$999\ 999 \times 6 = 5\ 999\ 994$$
$$999\ 999 \times 7 = 6\ 999\ 993$$
$$999\ 999 \times 8 = 7\ 999\ 992$$
$$999\ 999 \times 9 = 8\ 999\ 991$$
$$999\ 999 \times 10 = 9\ 999\ 990$$

$$9 \times 9 = 81$$
$$99 \times 99 = 9\ 801$$
$$999 \times 999 = 998\ 001$$
$$9\ 999 \times 9\ 999 = 99\ 980\ 001$$
$$99\ 999 \times 99\ 999 = 9\ 999\ 800\ 001$$
$$999\ 999 \times 999\ 999 = 999\ 998\ 000\ 001$$
$$9\ 999\ 999 \times 9\ 999\ 999 = 9\ 999\ 998\ 000\ 001$$

4.3.2　压抑不住的数字 1

请读者随意选一个数,遵循以下两条规则:如果该数是奇数,那么请乘以 3 再加上 1;如果该数是偶数,那么请除以 2。不断重复这个过程,最后总是得到 1。这个奇特现象已经困惑了数学家们很多年,至今仍然没有人知道原因,由于计算机的普及,到现在为止,已经验证对于一直到 $10^{18}-1$ 的所有的数都成立。

4.3.3　神秘的数字 22

请根据以下指令独立进行计算。

(1) 请选择任意一个各位数字互不相同的三位数。

(2) 写出你选择的这个三位数的数字构成的所有的两位数。

(3) 求(2)中所得到的所有两位数的和。

(4) 求出原来那个三位数的各位数字之和。

(5) 求出(3)的结果除以(4)的结果。

答案:22。

 这是一种巧合还是必然? 请说明理由。

4.3.4　惊异的数字 1089

惊异一:请读者按照如下指令进行。

第一步:请写出一个满足如下条件的三位数:各位数上的数字各不相同;百位数字比十位数字至少大 3。

第二步:交换百位数字与个位数字(得第二个数)。

第三步:将这两个数相减(用大数减小数)。

第四步:交换差的百位数字与个位数字。

第五步:把最后两个数字相加。

猜一猜:最后的结果是多少?

答案:1 089。

请认真观察 1 089 最初的 9 个倍数：

$$1\ 089 \times 1 = 1\ 089$$
$$1\ 089 \times 2 = 2\ 178$$
$$1\ 089 \times 3 = 3\ 267$$
$$1\ 089 \times 4 = 4\ 356$$
$$1\ 089 \times 5 = 5\ 445$$
$$1\ 089 \times 6 = 6\ 534$$
$$1\ 089 \times 7 = 7\ 623$$
$$1\ 089 \times 8 = 8\ 712$$
$$1\ 089 \times 9 = 9\ 801$$

观察这些乘积时注意到，第一个和第九个的乘积，它们的各位数字彼此是反转的，第二个和第八个、第三个和第七个、第四个和第六个也是如此，我们称这种数为回文数。

惊异二：将 1 089 拆开来看，考虑 1 和 89，接下来任意举出一个数，并计算出它各位数字的平方和，然后以同样的方式继续下去。

$n = 20$：

$2^2 + 0^2 = 4 \rightarrow 4^2 = 16 \rightarrow 1^2 + 6^2 = 37 \rightarrow 3^2 + 7^2 = 58 \rightarrow 5^2 + 8^2 = 89 \rightarrow 8^2 + 9^2 = 145 \rightarrow 1^2 + 4^2 + 5^2 = 42 \rightarrow 4^2 + 2^2 = 20 \rightarrow 2^2 + 0^2 = 4 \rightarrow 4^2 = 16 \rightarrow 1^2 + 6^2 = 37 \rightarrow 3^2 + 7^2 = 58 \rightarrow 5^2 + 8^2 = 89 \rightarrow \cdots$

$n = 21$：

$2^2 + 1^2 = 5 \rightarrow 5^2 = 25 \rightarrow 2^2 + 5^2 = 29 \rightarrow 2^2 + 9^2 = 85 \rightarrow 8^2 + 5^2 = 89 \rightarrow 8^2 + 9^2 = 145 \rightarrow 1^2 + 4^2 + 5^2 = 42 \rightarrow 4^2 + 2^2 = 20 \rightarrow 2^2 + 0^2 = 4 \rightarrow 4^2 = 16 \rightarrow 1^2 + 6^2 = 37 \rightarrow 3^2 + 7^2 = 58 \rightarrow 5^2 + 8^2 = 89 \rightarrow \cdots$

$n = 22$：

$2^2 + 2^2 = 8 \rightarrow 8^2 = 64 \rightarrow 6^2 + 4^2 = 52 \rightarrow 5^2 + 2^2 = 29 \rightarrow 2^2 + 9^2 = 85 \rightarrow 8^2 + 5^2 = 89 \rightarrow 8^2 + 9^2 = 145 \rightarrow 1^2 + 4^2 + 5^2 = 42 \rightarrow 4^2 + 2^2 = 20 \rightarrow 2^2 + 0^2 = 4 \rightarrow 4^2 = 16 \rightarrow 1^2 + 6^2 = 37 \rightarrow 3^2 + 7^2 = 58 \rightarrow 5^2 + 8^2 = 89 \rightarrow \cdots$

注意到，其结果会不断回到 89，然后进入一个循环过程。

$n = 32$：

$$3^2 + 2^2 = 13 \rightarrow 1^2 + 3^2 = 10 \rightarrow 1^2 + 0^2 = 1$$

$n = 82$：

$$8^2 + 2^2 = 68 \rightarrow 6^2 + 8^2 = 100 \rightarrow 1^2 + 0^2 + 0^2 = 1$$

注意到，其结果会回到 1。

任取一个数字，按照这种方式进行下去，最终都会得到 1 或者 89，这是不是很神奇。

惊异三：$33^2 = 1\ 089 = 65^2 - 56^2$。

这在两位数中是独一无二的，1 089 有一种特有的美。

4.3.5　美丽的黄金比例数字 0.618

黄金比例又称黄金分割,是定义为 $\dfrac{\sqrt{5}-1}{2}$ 的无理数,黄金分割点约等于 0.618:1,这是一个极为迷人而神秘的比例。

黄金比例具有严格的比例性、艺术性、和谐性,蕴藏着丰富的美学价值,而且呈现出不少动物和植物外观,其独特性质被广泛应用于数学、物理、建筑、美术等领域。黄金矩形(golden rectangle)(图 4-2、图 4-3)的长宽之比为黄金分割率。换言之,矩形的长边为短边 1.618 倍。黄金分割率和黄金矩形能够给画面带来美感,令人愉悦。

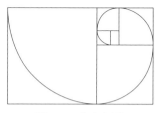　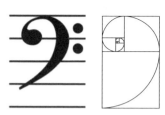

图 4-2　黄金矩形　　　　　图 4-3　低音谱号与黄金矩形

公元前 300 年左右欧几里得(Euclid)撰写《几何原本》时吸收了欧多克索斯(Eudoxus of Cnidus)的研究成果,进一步系统论述了黄金分割,成为最早的有关黄金分割的论著。黄金分割在生活、人体美学等诸多领域都有应用。

1. 音乐里的斐波纳契数列

公元前 6 世纪,古希腊人毕达哥拉斯发现音符与音符之间也有数学关系,美妙的旋律是可以计算出来的。他发现琴弦的长度和音高有关,且它们是成比例的,从而推导出了和声与整数之间的关系,以及谐声是由长度成整数比的紧绷的琴弦发出的。匈牙利作曲家巴托克作品《弦乐、打击乐与钢片琴音乐》的第一乐章共 89 小节,从高潮点划分为两个部分,分别为 55 小节和 34 小节,按照作曲家对音色和强度的布局,将开始到高潮的部分(55 小节)划分为 34+21 小节,将高潮到结尾的部分(34 小节)划分为 13+21 小节,会发现这些小节数与斐波那契数列惊人的一致,并且小节的划分正是遵循了斐波那契数列结构的规律。莫扎特《D 大调奏鸣曲》第一乐章共 160 小节,再现部位在第 99 小节,不偏不倚恰恰落在黄金分割点上(160×0.618=98.88)。贝多芬《悲怆奏鸣曲》第二乐章是如歌的慢板,回旋曲式,全曲共 73 小节。理论计算黄金分割点应在 45 小节,在 43 小节处形成全曲激越的高潮,并伴随着调式、调性的转换,高潮与黄金分割区基本吻合。

2. 战术布阵中的黄金分割

在中国历史上很早发生的一些战争中,也能发现很多关于 0.618 的规律。春秋战国时期,晋厉公率军伐郑,与援郑的楚军决战于鄢陵。厉公听从楚叛臣苗贲皇的建议,把楚之右军作为主攻点,因此以中军之一部进攻楚军之左军;以另一部进攻楚军之中军,集上军、下军、新军及公族之卒,攻击楚之右军。其主要攻击点的选择,恰在黄金分割点上。黄金分割律在战争中体现得最为出色的军事行动,还应首推成吉思汗所指挥的一系列战事。数百年来,人们对成吉思汗的蒙古骑兵为什么能像飓风扫落叶般地席卷欧亚大陆颇感费解,因为仅用游牧民族的彪悍勇猛、残忍诡谲、善于骑射及骑兵的机动性这些理由,都不足以做出令人完全信服的解释。或许还有别的更为重要的原因。仔细研究之下,果然又从中发现了黄金分割律的重要作用。蒙古骑兵的战斗队形与西方传统的方阵大不相同,在它的 5 排制阵形中,人盔马甲的重骑兵和快捷灵动的轻骑兵的比例为 2∶3,这又是一个黄金分割!不能不佩服那位马背军事家的天才妙悟,被这样的天才统帅统领的大军定能纵横四海、所向披靡!

此外,在现代战争中,许多国家的军队在实施具体的进攻任务时,往往是分梯队进行的,第一梯队的兵力约占总兵力的 2/3,第二梯队约占 1/3。在第一梯队中,主攻方向所投入的兵力通常为第一梯队总兵力的 2/3,助攻方向则为 1/3。防御战斗中,第一道防线的兵力通常为总数的 2/3,第二道防线的兵力通常为总数的 1/3。

3. 败于黄金分割线的拿破仑

拿破仑·波拿巴(Napoleon Bonaparte)可能未曾想到他的命运会与 0.618 紧紧地联系在一起。1812 年 6 月,正是莫斯科一年中气候最为凉爽宜人的夏季,在未能消灭俄军有生力量的博罗金诺战役后,拿破仑正式率领着他的大军进入莫斯科。这时的他踌躇满志、不可一世,但并未意识到,天才和运气此时也正从他身上一点点地消失,他一生事业的顶峰和转折点正在同时到来。后来,法军便在大雪纷扬、寒风呼啸中灰溜溜地撤离了莫斯科。三个月的胜利进军加上两个月的盛极而衰,从时间轴上看,当法兰西皇帝透过熊熊烈焰俯瞰莫斯科城时,脚下正好踩着黄金分割线。1941 年 6 月 22 日,德国启动了针对苏联的"巴巴罗萨"计划,实行闪电战,在极短的时间里就迅速占领了苏联广袤的领土,并继续向该国的纵深推进。在长达两年多的时间里,德军一直保持着进攻的势头,直到 1943 年 8 月,"巴巴罗萨"行动结束,德军从此转入守势,再也没能力对苏军发起一次可以称为战役行动的进攻。被所有战争史学家公认为苏联卫国战争转折点的斯大林格勒战役,就发生在战争爆发后的第 17 个月,正是德军由盛而衰的 26 个月时间轴线的黄金分割点。

4. 建筑中的黄金分割

0.618 是一个极为迷人而神秘的数字,它还有一个很动听的名字——黄金分割律,它是古希腊著名哲学家、数学家毕达哥拉斯于 2 500 多年前发现的。在艺术史上,几乎所有的杰出作品都不谋而合地验证了黄金分割律,无论是古希腊的帕特农神庙(图 4-4)、古埃及的金字塔(图 4-5),还是中国的明堂复原图(图 4-6)、巴黎的埃菲尔铁塔(图 4-7),竟然完全符合 1∶0.618 的比例。

图 4-4 古希腊的帕特农神庙

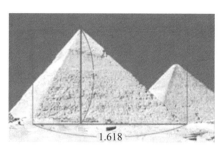

图 4-5 古埃及的金字塔

图 4-6 中国的明堂复原图

图 4-7 巴黎的埃菲尔铁塔

 你还能举出哪些具有黄金分割的著名建筑呢?

5. 人体美学中的黄金分割

0.618 这个数字在人体美学中也是随处可见的。人的肚脐是人体总长的黄金分割点,人的膝盖是肚脐到脚跟的黄金分割点,断臂的维纳斯(图 4-8)、蒙娜丽莎的脸(图 4-9)也符合黄金矩形。

图 4-8 断臂的维纳斯

图 4-9 蒙娜丽莎的脸

4.4　优雅含蓄的文学美

4.4.1　对联中的数学意境

数字入联会增添文学的意境美及对称美。据传,吕蒙正(944—1011 年)(图 4-10),河南洛阳人,曾作了一副全部由数字组成的谐音对联《南北》:

图 4-10　吕蒙正画像

南　北

二三四五

六七八九

此对联和横批含蓄深刻。上联缺"一","一"与"衣"谐音;下联缺"十","十"与"食"谐音。全联表达"缺衣少食",横批"南北"于四方位"东南西北"而言少了"东西",故而横批意为"缺少东西"。

4.4.2　诗词中的数学意境

数字入诗更显示出文学奇妙的美感和独特的艺术魅力。

1. 诗词体现的对称美

回文诗是中国古典诗歌中一种较为独特的体裁,其特点是使用词序回环往复的修辞方法,突出地继承了诗反复咏叹的艺术特色,以达到"言志述事"的目的,产生强烈的回环叠咏的艺术效果。回文诗有很多种形式,如"通体回文""就句回文""双句回文""本篇回文""环复回文"等。这些形式都体现出数学中的对称性、循环性,展示数学的对称美、循环美。

"通体回文"是指一首诗从末尾一字读至开头一字另成一首新诗。例如:

晚秋即景

清·牛焘

烟霞映水碧迢迢,暮天秋色一雁遥。

前岭落晖残照晚,边城古树冷萧萧。

萧萧冷树古城边,晚照残晖落岭前。

遥雁一色秋天暮,迢迢碧水映霞烟。

"就句回文"是指一句内完成回复的过程,每句的前半句与后半句互为回文。例如:

春　闺

清·李旸

垂帘画阁画帘垂,谁系怀思怀系谁?

影弄花枝花弄影,丝牵柳线柳牵丝。

脸波横泪横波脸，眉黛浓愁浓黛眉。

永夜寒灯寒夜永，期归梦还梦归期。

"双句回文"是指下一句为上一句的回读。例如：

菩萨蛮

清·纳兰容若

雾窗寒对遥天暮，暮天遥对寒窗雾。

花落正啼鸦，鸦啼正落花。

袁罗垂影瘦，瘦影垂罗袁，

风剪一丝红，红丝一剪风。

"本篇回文"是指一首诗词本身完成一个回复，即后半篇是前半篇的回复。例如：

春游回文诗

南北朝·王融

池莲照晓月，慢锦拂朝风。

风朝拂慢锦，月晓照莲池。

"环复回文"是指先连续至尾，再从尾连续至开头。例如：

赏 花

宋·苏东坡

赏花归去马如飞，去马如飞酒力微；

酒力微醒时已暮，醒时已暮赏花归。

2. 诗词体现的数学元素

周期性、单调性是数学中非常重要的特征，四则运算是数学中最基本的运算，这些在诗词里也有体现。例如：

赋得古原草送别

唐·白居易

离离原上草，一岁一枯荣。

野火烧不尽，春风吹又生。

远芳侵古道，晴翠接荒城。

又送王孙去，萋萋满别情。

这首诗完美地体现了数学的周期性。

劝 学

东晋·陶渊明

勤学如春起之苗，不见其增，日有所长；

辍学如磨刀之石，不见其损，日有所亏。

这篇散文则完美地体现了数学中的单调性。

相传宋朝文学家苏东坡画了一幅《百鸟归巢图》,画中密密麻麻画了 100 只小鸟,有人给这幅画题了一首诗。

百鸟归巢图

宋·伦文叙

归来一只复一只,

三四五六七八只。

凤凰何少鸟何多,

啄尽人间千石食。

在数字(11345678)上加上适当的运算符号就能得到 100,例如:

$$[(1+1)\times3+4]\times5+6\times7+8=100$$

4.4.3 中国汉字的对称美

汉字讲究内方外圆,沿着竖(横)中线分开的话,左右(上下)都一样叫"对称",如田、早、中、美、回、喜等(图 4-11)。

图 4-11 汉字的对称

4.5 隐藏在自然界的数学美

4.5.1 浑然天成之六边形

雪花(图 4-12):世界上没有一模一样的两片雪花,但它们却"变中有不变"之处,它们每一片都是六边形,是一个对称图案的典型代表。

蜂巢(图 4-13):这是一个自然堆成的鲜明案例,蜜蜂是技术高超的几何学建筑师,它们独具匠心地为自己建造了一个六边形的蜂巢,最大限度地节约了空间,用最少的蜂蜡储存最多的蜂蜜。

图 4-12 雪花

图 4-13 蜂巢

4.5.2 自然选择之斐波那契数列

松果(图 4-14):松果的排列步数几乎是匹配一对连续的斐波那契数。例如,三到五个锥体沿着左螺旋三步走,每个松果的位置与前一个、前两个松果的距离相等,而这个距离正好是斐波那契数列中的数。

鹦鹉螺壳(图 4-15):鹦鹉螺壳每一圈螺纹的长度都恰好等于里面两圈的长度之和,符合斐波那契螺旋生长规律。

图 4-14　松果　　　　　　　　　　　图 4-15　鹦鹉螺壳

4.5.3　坚不可摧的 110°

迁徙的丹顶鹤(图 4-16):丹顶鹤的飞行总是成群结队,排成"人"字形,角度也永远是 110°,因为"人字"夹角的一半正好是 110°,即每边与丹顶鹤群前进的角度数为 54°44′8″。

坚硬的金刚石(图 4-17):金刚石晶体的角度也正好是 54°44′8″!这绝不是巧合,而是物竞天择、自然天成的结果。

图 4-16　迁徙的丹顶鹤　　　　　　　图 4-17　坚硬的金刚石

4.5.4　以身作则的记忆

珊瑚虫(图 4-18):珊瑚虫在自己的身上记下"日历",每年在体壁上"刻画"出 365 条环纹,一天"画"一条。生物学家发现,3.5 亿年前的珊瑚虫每年"画"出 400 条环纹,因为当时的地球昼夜只有 21.9 小时,一年不是 365 天,而是 400 天。

年轮(图 4-19):树木被伐倒后,在树墩上可以看到有许多同心圆环,植物学上称为年轮。年轮是树木在生长过程中受季节影响形成的,一年产生一轮。第一年的秋材和第二年的春材之间界限分明的地方,称为年轮线,表明材木每年生长交替的转折点。因此从主干基部年轮的数目就可以了解这棵树的年龄。

图 4-18　珊瑚虫

图 4-19　年轮

4.6　学思践悟

美是什么？美是梵高的向日葵，是莫奈的睡莲，是落日余晖，是天空中的繁星，也是耀眼的烟火。数学的美，美在简洁、奇妙、统一和严谨。我国现代著名数学家徐利治教授提出："数学概念的简洁性、统一性，结构系统的协调性、对称性，数学命题与数学模型的概括性、典型性和普遍性，还有数学中的奇异性等，都是数学美的具体内容。"

数学美并非"阳春白雪，曲高和寡"。当我们悟出了一个出色的数学公式，当我们用巧妙的方法解答出一道数学难题时，我们心中不也充满了一种成功的喜悦吗？我们在学习数学时，当看到一个优美对称的图形，一个代数轮换对称式，不也为这些图形和算式的对称协调而感到赏心悦目吗？当我们遇到一道数学证明题，它的条件式和求证式都具有对称的形式时，这种对称美的启示促使我们采取一种"对称"的手段使问题简捷地获证。蓦然回首，我们不也像欣赏一首优美的乐曲一样充满了愉悦之情吗？难怪 20 世纪最伟大的数学家之一希尔伯特把数学比喻为"一座鲜花盛开的园林"。他鼓励我们去寻幽探胜，去向人们介绍这些奇景秀色，去共同赞美它！

模块 5　迷数学之思

　　数学思想是指现实世界的空间形式和数量关系反映到人们的意识中,再将数学事实与理论经过概括后产生本质认识,最后经过思维活动而产生的结果。掌握了数学思想,就掌握了数学知识发生、提炼、抽象、概括和升华的过程,这是对数学规律的理性认识。掌握数学思想就是在发现问题、解决问题,就意味着掌握了数学的精髓。①

基本概念:

康托尔集　良序　势　极限　超限数　集合论　悖论

5.1　驰骋古今的数学思想

5.1.1　数思同根之数学本质

　　"数学的本质在于思考的充分自由",②这个思想是康托尔(Cantor)(图 5-1)提出的。但在康托尔以前,这个思想支配着许多伟大数学家的头脑。

图 5-1　康托尔

　　随着人类智力的发达,数学显著地向前发展。近数百年来,人类的精神活动、思维本性得以无限制地发展出的思想和冲动,强烈地刺激了数学家们,才使我们的思维建立起人类几乎不能设想的、无限深邃广大且远远超越了现实的空间。这个思想,使康托尔有可能在超越了有限的世界中,以数学的严密性建立起集合论,使几何学家有可能研究超越了我们感觉想象的高维空间,使公理数学家有可能建立起抽象的纯数学和种种特异数学。这个思想,直到遥远的未来,都将永远促使数学无止境地向前发展。

　　这个思想也对传统数学的系统化、组织化、严密化等方面产生了很大影响。比如,数学家想去掉对减法的限制(即不能从较小的数中减去较大的数),去掉对除法

　　①　R.柯朗,H.罗宾.什么是数学:对思想和方法的基本研究[M].左平,张怡慈,译.4 版.上海:复旦大学出版社,2017.

　　②　米山国藏.数学的精神、思想和方法[M].毛正中,吴素华,译.上海:华东师范大学出版社,2019.

的限制(即 a 不是 b 的倍数时, a 就不能被 b 除), 去掉对开方的限制(即 a 不是 b 的 n 次方, a 就不能开方)的思想作用的结果, 就是引出了负数、分数、无理数, 由此明确提出了使加、减、乘、除、乘方、开方等"各运算能无限制地进行(思考的绝对自由的要求)的原则", 按这个原则建立起了数系的系统(图 5-2)。

按照这种观点, 应该说"数学的本质在于思考的充分自由", 过去、现在以至将来都是数学产生发展所必不可少的最重要也最根本的思想。大科学家朱尔斯·亨利·庞加莱(Jules Henri Poincaré)(图 5-3)曾说过"纯数学是人类精神的产物", 于是, 以研究人们不熟悉的几何学和具有特异性质的函数为目的的数学思维, 与日常的观念和自然状态相去越远, 就越能够明确地揭示出人类精神能达到的境界, 也越能让人们了解人类精神本身。庞加莱的这个见解, 就是"数学的本质在于思考的充分自由"思想的表露。

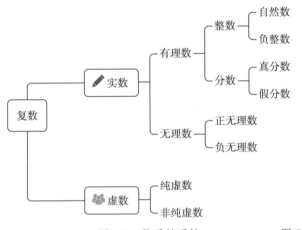

图 5-2 数系的系统

图 5-3 朱尔斯·亨利·庞加莱

5.1.2 星火燎原之集合及群思想

集合是近代数学中的一个重要概念, 指的是"确定的一堆东西", 集合里的"东西"称为元素, 现代集合一般被定义为由一个或多个确定的元素所构成的整体。集合思想已成为现代数学的理论基础。群的概念引发自多项式方程的研究, 表示一个满足封闭性和结合律、有单位元和逆元的二元运算的代数结构, 由埃瓦里斯特·伽罗瓦(Évariste Galois)(图 5-4)在 19 世纪 30 年代开创。

集合思想与群的思想是构成数学基础的主要思想。它们虽然都是最近若干年才发展起来的, 但极为多产, 被运用到几乎是彼此毫无关系的许多数学分支上。它们是使纯数学和应用数学像今天这样发达与

图 5-4 埃瓦里斯特·伽罗瓦

严密的最大源泉。实际上,正像有人所说的那样,如果没有这两种思想观点,那么近代数学连一页纸也写不满。对于数学来说,集合和群的思想是基本的思想。

5.1.3　数图同归之数形结合思想

数与形是数学中的两个最古老、最基本的研究对象。"数"与"形"反映了事物两个方面的属性。华罗庚先生曾作诗"数与形,本是相倚依,焉能分作两边飞。数无形时少直觉,形少数时难入微。数形结合百般好,隔离分家万事非;切莫忘,几何代数统一体,永远联系,切莫分离!"这是对数形结合思想很好的概括。"中国传统文化一贯重视'一'或整体的价值",这种注重"一以贯之"的整体性和直觉性的思维模式,是"数形结合"思想产生的"本原"。

5.1.4　跨越时空之极限思想

要使数学真正成为数学,并在应用和纯理论方面发展成为丰富而正确的科学,最终成为深奥而严格的科学思想,就必须在数学中提炼出极限思想。试想,若从今天的数学中抽去极限思想,数学还能保留哪些内容,就能立即明白极限思想对数学的重要性。不夸张地说,这时的数学几乎一无所剩。当然,也许有人会说:"不用极限思想,小学、初中的数学不也成立吗?"现举我们身边的一个实例来说明问题。

设从 A 到 B 的铁路长为 a 千米,从 A 到 B 的列车要运行 b 小时。问:该列车的速度为每小时多少千米?

这类问题在小学、初中的教科书中经常见到,而一般的解答是:a(千米)$\div b$(小时)$=\frac{a}{b}$(千米/小时),即每小时运行 $\frac{a}{b}$ 千米。可是,深入地考虑一下即可明白,这个答案与列车的实际速度没有关系。事实上,列车在车站附近的速度非常慢,在车站的速度为 0,而在某些地段又以大于 $\frac{a}{b}$ 的速度运行。准确地说,列车每时每刻的速度都在变化,上面的答案并不表示实际的运行速度。它是在假定列车从 A 到 B 以同样速度运行的条件下所得的结果。然而,这个假定是绝对无法实现的。所以,上面的答案只不过是列车速度的一个大略的估计(平均速度)罢了,没有实际意义。因而,若以初等学校所学的数学为基础进行计算,并用于各种工程(建筑工程、造船、机械制造)问题,必定会造成极大损失。要想知道每时每刻变化着的速度,则必须用到以极限思想为基础的微积分等数学知识。可以说,如果离开了极限思想根本无法解决问题。

这个经过提炼的极限思想确定了被认为是空洞抽象的、难以抓住其实质的无穷大和无穷小的数学意义,使得解决数学中自古以来就存在的矛盾有了可能,同时有可能建立起严格的微积分理论、函数论、各种几何学等。作为整个数学中最根本、最重要的思想之一的极限思想,正活跃在整个数学中。

5.2　出乎意料的无穷

5.2.1　高瞻远瞩之康托尔"对"

　　康托尔生于俄国圣彼得堡,父亲是犹太血统的丹麦商人,母亲出身艺术世家,1856 年全家迁居德国的法兰克福。在大学时代,他在世界上最出色的数学系学习,1879—1884 年发表了 6 篇系列论文,介绍了新的集合论。康托尔由此闻名于世。

　　康托尔深深地受到他的工作的哲学含义的吸引,但并非人人都认同他的研究,许多学术界人士包括大数学家庞加莱都强烈反对他的想法。数学家利奥波德·克罗内克(Leopold Kronecker)是最激烈的批评者之一,他对康托尔的工作不屑一顾,称其为"鬼话连篇"和"数学神经病"。克罗内克和许多前人一样,认为数学最稳固、最根本的基础必定是一种源于计数的数论,因为他认为合法的数学概念只能是那些可用有限步骤构造出来的概念。

　　康托尔患有抑郁症,常常因为他的工作所遭到的激烈反对而精神不振。他极度渴望在柏林任教,但克罗内克可以否决对他的任命。作为当时两大主要数学期刊之一的编辑,克罗内克也有权限制发表他的作品。康托尔有关集合论和超限数的全新的研究最终产生了非常大的影响,但直到 20 世纪初他的观点才受到广泛认可。值得强调的是,康托尔的理论的哲学基础并未受到认可。他的原理之所以被人们接受,是因为受他工作启发而形成的集合论的框架非常有用。戴维·希尔伯特(图 5-5)和许多数学家认识到,几乎所有数学分支都可以通过集合论加以

图 5-5　戴维·希尔伯特

描述,这些分支包括在当时还比较新的一些学科,如拓扑学和实变函数论。

　　康托尔的数学思想中有两个观点尤为简单而深刻。第一个是与有史以来最伟大的逻辑学家之一弗里德里希·路德维希·戈特洛布·弗雷格(Friedrich Ludwig Gottlob Frege)(图 5-6)共同发展起来的。从本质上说,这两位伟人为两个元素数目相同的集合构造了一个成果累累的数学定义,他们是通过认识到下列日常情境的深刻意义而给出这一定义的。想象你乘坐一辆公共汽车,车上的每个座位上都坐着一位乘客,还有一些乘客没有座位。这一观察结果告诉我们,我们不需要对人或者座位计数也能够知道,车上的人多于车上的座位。由此出发,康托尔理解了两个集合间的"对"对映射所发挥的根本作用,从而建立了其定义。在公共汽车的例子中,我们知道集合 A(座位)与集合 B(乘客)之间存在一对一映射,因为每个座位

图 5-6　弗里德里希·路德维希·戈特洛布·弗雷格

上都坐着一个乘客。换句话说，我们可以设定一项规则，即当我们得到一个作为输入的座位时，就把坐在该座位上的乘客作为一个输出送出。这项规则被称为"一对一映射"，因为每个不同的输入都有一个不同的输出与其对应。

每个座位都可以与唯一一个人（即坐在座位上的乘客）相结合，但反过来给出一个从 B 到 A 的一一映射是不可能的。我们无法为每个乘客指定一个不同的座位，因为车里没有多余的座位。当且仅当存在一个从 A 到 B 的一一映射时，集合 B 至少与集合 A 一样大。换言之，如果集合 A 中的每个元素都可以与集合 B 中的一个不同元素配对，我们就可以说，集合 B 至少与集合 A 一样大。与此类似，当且仅当 A 至少与 B 一样大，且 B 至少与 A 一样大时，我们说 A 与 B 的大小相等。事实证明，这一定义等价于：当且仅当两个集合中各自拥有的元素能够完全配对时，这两个集合的大小相等。

这正是对日常生活中的大小概念的自然推广所得出的认知。又如，如果我们有 5 个苹果和 5 个梨，则可以将它们一一配对，这种观察结果是"5"的意义的一部分。然而，因为这种大小概念并没有涉及计数，所以我们也可以把它应用于对无穷集合的论证。也就是说，无穷集合之间也可以配对。例如，每个整数 n 都可以唯一地与一个偶数 $2n$ 配对，或者唯一地与一个平方数 n^2 配对。

在整数与平方数之间配对的可能性让我们想到了伽利略·伽利雷（Galileo Galilei）（图 5-7）叙述的一条真理："平方数的数量不会小于整数的总数，整数的总数也不会大于平方数的数量。"请大家注意，我们同样可以为所有正整数写下一份清单与此匹配，我们还可以为所有正偶（整）数写下一份清单。由于每个元素都将在这个定义清单的某处出现，我们说，这些数字的集合是可数无穷的。因为

图 5-7　伽利略·伽利雷

我们能够根据位置来让元素配对（第一份清单中的第一件事物与第二份清单中的第一件事物配对，以此类推），所以我们能够正确地得出结论：所有可数无穷集合的大小都相等。

当发现一个集合可以与自己的子集相等时，许多人多少会感到有些不安。例如，整数的个数与偶数的个数一样多，尽管有一半的整数是奇数。子集必定会小一些，这种期待来源于我们在为有限物体计数时得到的经验，这种想法在无限层面上就不适用了。毕竟，一个无穷集合的一半也是一个无穷集合！所以，所有分数的集合呢？把这个集合的大小与所有整数的集合做一番比较，情况又如何呢？如果我们试图通过从较小的分数向较大的分数计数的方法数出数轴上的分数的个数，我们必然会漏掉其中的大部分。无论我们先数哪个分数，这个分数都会大于无穷多个其他分数；更为普遍地说，任何两个连续分数之间的空隙都将包含无穷多个有理数。尽管如此，我们实际上还是有可能确定一个包含每个单一分数的清单的。换言之，有理数是可数无穷的。

5.2.2　永无止境之希尔伯特旅馆

无穷集合是一类特殊集合,为了让学生形象地理解"无穷集合"这个概念,著名的德国数学家希尔伯特讲了一个故事,后人称为希尔伯特旅馆(图5-8)。风景秀丽的某镇每天都吸引着许多前来观光的游客,镇上唯一的一家旅馆——希尔伯特旅馆,生意格外红火,它因为有无穷多间客房而被誉为世界上最大的旅馆。

图 5-8　希尔伯特旅馆

有一天,店里的无穷多个房间都住满了客人,到傍晚时又来了一位旅客,尽管值班的服务生遗憾地告诉他已经没有空房间了,可是这位旅客在镇上别无选择,他再三恳求值班的服务生为他想想办法。这时老板的女儿恰巧经过,她问清了情况后对服务生说:让已经住下的旅客都调换一下房间,1号房间的客人住到2号房间,2号房间的客人住到3号房间,以次类推,这样就空出了1号房间。于是,这位客人高高兴兴地住了进去。

第二天,希尔伯特旅馆来了一个庞大的旅游团要求住宿,他们说总共有可数无穷多位,值班的服务生赶快去向老板的女儿请教,看是否有办法再让他们住下。老板的女儿想了一下说:你让1号房间的客人搬到2号房间,2号房间的客人搬到4号房间,3号房间的客人搬到6号房间,以此类推,k号房间的搬到$2k$号房间,这样下去,1号,3号,5号,7号,……房间都空出来,让他们住进去就行了。

第三天,已经住下的所有客人都来了可数无穷多个亲戚,他们也都要求住下,老板的女儿再次想出了奇妙的办法。她把每一个客人所需要的房间都编上了号,如第一个客人所需要的房间为$(1,1)(1,2)(1,3)(1,4),\cdots$,第二个客人所需要的房间为$(2,1)(2,2)(2,3)(2,4),\cdots$,第$m$个客人所需要的房间为$(m,1)$,$(m,2)(m,3)(m,4),\cdots$,然后整理如图5-9所示。

图5-9中按照箭头所指顺序,将客人分别安排在1号,2号,3号,…房间,这样所有的客人又一次如愿以偿,住进了希尔伯特旅馆。

第四天,有一个叫康托尔的教授领来了一个更庞大的旅游团,他告诉老板的女儿他们旅游团的人数和[0,1]区间上点的个数一样多,问她这次能否安排下住宿,老板的女儿绞尽脑汁也没有想出办法,最后康托尔教授坦诚地告诉她,[0,1]区间上点的个数是不可数的,你不可能用对角线的方法安排我们所有的人住下。

"无穷集合"的概念在数学基础中有着极为重要的地位,它是康托尔发明的集

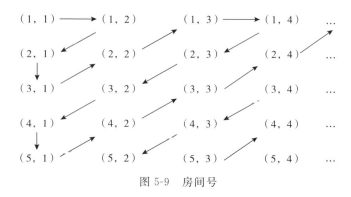

图 5-9   房间号

合论的中心概念之一,也是难点之一。希尔伯特曾经说过:"无穷!还没有别的问题如此深深地打动人们的心灵,也没有别的想法如此有效地激发人的智慧,更没有别的概念比无穷这个概念更需要澄清。"什么叫无穷集合?同样是无穷集合,它们的大小、性质等方面还有没有区别?无穷集合的整体与部分的关系如何?这些问题曾深深地困扰着人们。康托尔的集合论在人类认识史上第一次给"无穷"建立起抽象的形式符号系统和确定的运算,它从本质上揭示了"无穷"的特性,但这与传统上人们对此的认识迥然不同,所以集合论从一产生就遭到了一些数学家的反对,这种反对后来竟演变为对康托尔的人身攻击,并最终摧垮了他的精神。但希尔伯特以一个伟大数学家的敏锐眼光,自始至终都在支持着康托尔的工作,积极地宣讲集合论的观点,他通过希尔伯特旅馆这个故事向学生们形象地介绍了无穷集合的概念。

首先,希尔伯特介绍了使用对应的观点来审视无穷集合。他借老板女儿的口,每一次都建立了从一个无穷集合到另一个无穷集合的一一对应,即等价关系。希尔伯特生动地通过客人与房间号的对应,说明了无穷集合都能与它的一部分建立起一一对应关系(等价关系)。在现代集合论中,"无穷集合"定义为:一个集合,如果能与它的至少一个真子集等价,这个集合就叫作无穷集合。

其次,希尔伯特通过有趣的故事告诉学生们,"无穷集合"并不是一个多么可怕的概念,它实实在在地存在于我们的生活和思想中,我们还可以用我们的思维去把握它的一些性质。自古以来,许多人都对无穷抱有神秘态度,或者干脆否认它的存在。亚里士多德(Aristoteles)曾研究过"无穷",但他只承认潜无穷的存在,否认实无穷的存在。整个中世纪关于无穷的存在与否引起了许多哲学家的争论,最终也没有什么明确结果。希尔伯特向来对数学真理抱有坚定信念,他坚信人们终究会对无穷集合等集合论的问题有一个清楚的认识。

再次,希尔伯特告诉学生,同样是无穷集合,它们的数目却存在差别。从第一天到第四天,希尔伯特旅馆需要住宿的客人虽然都无穷多,但他们的数目却在逐渐增多。伽利略曾经研究过无穷集合,他在建立了从自然数集合到自然数平方的集合的一一对应之后,得出结论说此时出现了"部分等于整体"的情况,然而这与传统的"整体大于部分"的论断截然相反,伽利略看到了这个矛盾,他认为这是不可能的。于是,他说无穷大都一样,不能比较大小。希尔伯特用形象的比喻否定了这种看法。

最后,顺着希尔伯特的指引,我们看到了有限与无穷是一对矛盾,它们既有相通的地方又有本质的区别。无穷集合由有限集合组成,有限集合是无穷集合的表现形式,我们通常将无穷问题转化为有限的方法来处理问题,但二者又有本质区别,无限集合并不是有限集合的简单相加。有限的数目加1,数目发生了变化,无穷加1从总量上看还是无穷,无穷加无穷仍是无穷,但可数的无穷与不可数的无穷又有质的差别,不可数集合的元素数目要比可数集合元素的数目多很多,希尔伯特旅馆形象地把无穷集合的诸多特性表现了出来。

希尔伯特不仅在众多数学领域中作出了划时代的贡献,著名的希尔伯特问题更是深深地影响和指导了 20 世纪数学的发展,而且他还是一位伟大的教育家,他讲课简练自然、形象生动,逻辑严谨、内容充实,循序渐进、引人入胜,往往在通俗的事例中蕴涵着深刻的道理,从上面他讲的希尔伯特旅馆的故事中可见一斑。

5.3　无与伦比的数形结合思想

5.3.1　虚室生白之古代数形结合

"数"在古代是用来计数的,"形"表示古代的形状。数的产生源自对具体物体的计数需要,古人的计数方法有手指计数、石子计数、结绳计数、算筹计数等(图 5-10)。

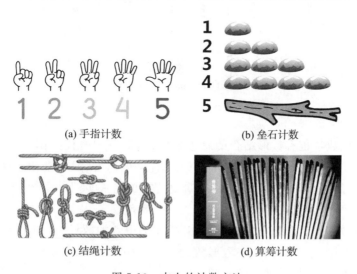

(a) 手指计数　　　　　　(b) 垒石计数

(c) 结绳计数　　　　　　(d) 算筹计数

图 5-10　古人的计数方法

产生数的概念之后,用来表示"数"的工具首先是一系列"形"。在古代的各种计数法中,都是以具体图形来表示抽象的数,比如古埃及的象形数字(图 5-11)、古巴比伦的锲形数字(图 5-12)、中国的甲骨文数字(图 5-13)。

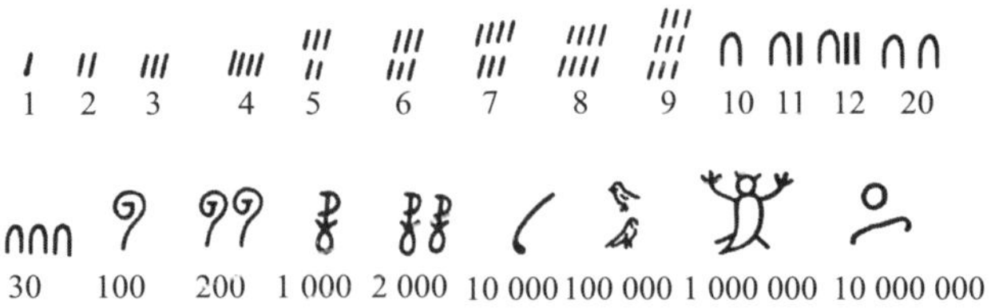

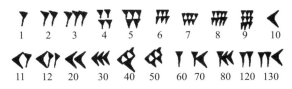

图 5-11   古埃及的象形数字

图 5-12   巴比伦的锲形数字

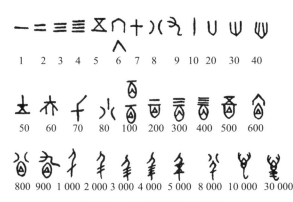

图 5-13   中国的甲骨文数字

中国古代数学也有数形结合的思想的应用,如三国时代吴国的数学家赵爽在《周髀算经》注中对勾股定理的证明:"按弦图,又可以勾、股相乘为朱实二,倍之为朱实四,以勾股之差自相乘为中黄实。加差实,亦成弦实。"这是数、形结合思想的早期应用,为中国古代"数形结合"树立了一个典范。

古希腊数学中,"形数"被看作某些几何图形中点的数目,它们构成了几何学和算术之间的纽带。三角形数、正方形数、五边形数的几何命名奠定了数形结合的基础,《几何原本》就是体现数形转化的文字资料。

满足关系式 $1+2+3+\cdots+n=\dfrac{n(n+1)}{2}$ 的数称为三角形数(图 5-14)。

图 5-14　三角形数

满足关系式 $1+3+5+\cdots+(2n-1)=n^2$ 的数称为正方形数(图 5-15)。

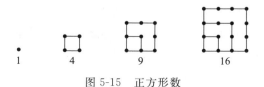

图 5-15　正方形数

满足关系式 $P_n=\dfrac{n(3n-1)}{2}$ 的数称为五边形数(图 5-16)。

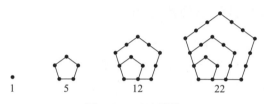

图 5-16　五边形数

5.3.2　时代转折之近代数形结合

"幻想是诗人的翅膀,假设是科学的天梯。"[1]科学离不开思考和质疑,科学的进步始于大胆猜想和质疑。1637 年,法国著名数学家勒内·笛卡儿(Rene Descartes)(图 5-17)就曾反复思考一个问题:几何图形是直观的,而代数方程是比较抽象的,能不能把几何图形与代数方程结合起来,也就是说能不能用几何图形来表示方程呢? 要想达到此目的,关键是如何把组成几何图形的"点"和满足方程每一组的"数"挂上钩,他苦苦思索,拼命琢磨,不断钻研,终于发明了现代数学的基础工具之一——坐标系,成功地将几何和代数相结合,创立了解析几何,被认为是近代数学发展史上的一个里程碑。数轴的建立将代数与几何联系到一起,数轴上每个点都代表一个实数,且每个实数都能找到一个点和它对应,即点和实数一一对应。后来,笛卡儿又建立了平面直角坐标系和空

图 5-17　勒内·笛卡儿

---

① 歌德.少年维特的烦恼[M].杨武能,译.北京:人民文学出版社,1999.

间直角坐标系,这样一来,就可以在坐标系中解决所有的几何图形问题,在此基础上他创立了"解析几何学"。解析几何的创立把代数和几何统一起来,数学有了数形结合的新思想,自此,"数"与"形"便真的结合起来了。笛卡儿的坐标系曾被恩格斯称为"数学的转折"。

5.3.3　数形同道之现代数形结合

现代数学研究中,人们常用"形"的术语描述数量关系,指明其几何意义。如非线性规划的各种算法,如果不用几何意义来描写,就无法进一步研究。尤其是一些算法的设计,我们通常先设想一个几何形象,从几何角度进行研究后,再用解析法加以描述,这就是"数形"结合的研究过程。可见,数形结合是数学发展的必然趋势,它贯穿于数学发展的全过程。

5.4　无可替代的极限思想

5.4.1　技中龙凤之极限思想的起源与发展

我国著名哲学家庄周(约公元前355年—前275年,战国中期思想家、哲学家、文学家)(图5-18),道家学派代表人物,与"老子"并称"老庄"。其所著的《庄子·天下篇》"一尺之棰,日取其半,万世不竭",形象地描述了从有限走向无限的朴素的极限思想。

我国古典数学理论的奠基人之一刘徽(约225—295年,魏晋时期伟大的数学家)(图5-19)的割圆术"割之弥细,所失弥小,割之又割,以至于不可割",在人类历史上首次将极限和无穷小分割引入数学证明,成为人类文明史中不朽的篇章。

后来数学家祖冲之(429—500年,南北朝时期杰出的数学家、天文学家)(图5-20)用这个方法把圆周率的值计算到小数点后七位,这种对于某个值无限接近的思想就是后来建立极限概念的基础。这是极限思想在我国古代的萌芽阶段。

古希腊哲学家、数学家芝诺(Zeno,约公元前490—公元前425年)(图5-21)提出了一系列著名的"芝诺悖论",给当时的学术界造成极大的震动。

图5-18　庄周　　　图5-19　刘徽　　　图5-20　祖冲之　　　图5-21　芝诺

悖论之一为"二分说",用现代的语言表述就是:"一个物体从甲地到乙地,永远也不能到达。"理由是这样的:物体若想从甲到乙,首先要通过道路的一半,但要通过这一半,必须先通过这一半的一半,即道路的 1/4,要通过这 1/4,必须先通过 1/8,…,这样分下去永远无止境。于是,芝诺得到结论:此物体根本不能开始运动,因为它被道路的无限分割阻碍着。

悖论之二为"阿基里斯追龟"。阿基里斯(Achilles)是古希腊神话中以善跑著称的英雄。芝诺说:"阿基里斯追龟,永远也追不上。"理由是这样的:假设阿基里斯的速度是乌龟的 10 倍,乌龟在前面 100m,当阿基里斯跑了 100m 达到乌龟的出发点时,乌龟已向前走了 10m;阿基里斯再追 10m,乌龟又前进了 1m,这样阿基里斯与乌龟永远相隔一小段距离,所以阿基里斯永远也追不上乌龟。这些悖论中间接体现了极限思想(图 5-22)。

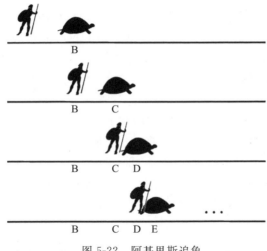

图 5-22　阿基里斯追龟

公元前 300 年,古希腊安提丰(Antiphon)(图 5-23)在求圆面积解决"化圆为方"的问题上也用了"穷竭法",即用成倍扩大圆内接正多边形边数,通过内接正多边形的面积来表示圆面积的方法。虽然圆化方的结论是错误的,但它向人们展示了"曲"与"直"的辩证关系和一种求圆面积的近似方法,启发了人们后来以"直"代"曲"解决问题的思路。

古希腊的数学家欧多克索斯(Eudoxus of Cnidus)(图 5-24)第一次提出了"穷竭法"原理"对于两个不相等的量,若从较大量中减去大于其半的量,再从所余量中减去大于其半的量。继续重复这个步骤,则有某个余量小于原来较小的量",这是研究数学的一种方法。

公元前 240 年左右,阿基米德(Archimedes)(图 5-25)应用穷竭原理(也称为穷竭法)成功地计算出抛物弓形的面积。穷竭法的核心思想是"无限接近",这是一种蕴涵着"潜无穷"的极限思想。穷竭法的诞生标志着极限概念的轮廓已在古希腊问世,穷竭法的基本思路标志着极限思想在古希腊萌芽。

图 5-23　安提丰　　　　图 5-24　欧多克索斯　　　　图 5-25　阿基米德

5.4.2　无坚不摧之极限概念的产生

16 世纪之前,关于极限的描述都是只言片语,直到 16 世纪,十进制创始人西蒙·斯蒂文(Simon Stevin)(图 5-26)在考察三角形重心的过程中改进了古希腊人的"穷竭法"。他借助几何直观,放弃归谬法的证明步骤(牺牲古希腊数学的某种严格性),大胆地运用极限思想思考问题,也就是说他把极限方法沿着实用方向向前推进一步。

约翰·沃利斯(John Wallis)(图 5-27)在其著作《无穷算术》(1665 年)中给出关于变量极限的正确概念,"变量的极限——这是变量如此逼近的一个常数,它们之间的差能够小于任何给定的量"。然而,他的极限概念一直未被人们采用。可随着时代的发展,大量的问题涌现出来,比如怎样求瞬时速度、曲边形面积、曲面体体积等问题困扰着数学家。正是在这样的时代背景下,极限概念被发展完善,微积分也形成系统的理论体系。

图 5-26　西蒙·斯蒂文　　　　图 5-27　约翰·沃利斯

牛顿在 1687 年出版了《自然哲学的数学原理》,该书充满了无穷小思想和极限论证思想。书中第一编第一节的评注中进行了特别说明:所谓二垂逝量的终极比,并非真的两个终极量之比,而是二量之比,在该二量无限变小时所收敛的极限;这些比无限接近于这个极限,与其相差小于任何给定的差别,但在该二量无限变小以前超过或真的取得这个极限值。牛顿给极限下了个定义:"两个量或量之比,如果在有限时间内不断趋于相等,且在这一时间中止前相互靠近,使得其差小于任意给定的差别,最终就成为相等。"这是早期的极限概念。

5.4.3　纵横天下之极限概念的完善

伯哈德·波尔查诺(Berhard Bolzano)(图 5-28)把微积分的重要概念建立在极限理论的基础上,并且首次给出了严格叙述。他第一次用极限给出了函数在某一区间上连续的定义,并一直沿用至今,他的导数定义与今天的基本一样。虽然波尔查诺的观点指出了微积分学最终表达的方向(建立在极限理论的基础上),但其观点对微积分未起决定性影响。他对极限概念的完善作出的贡献是巨大的,他是第一个成功地应用极限理论解决数学问题的数学家。

直到半个世纪之后,赫尔曼·汉克尔(Hermann Hankel)(图 5-29)才真正地在极限理论的基础上建立了微积分学最终的表达方向。

柯西奥古斯丁·路易斯(Cauchy Augustin Louis)(图 5-30)的最大功绩是在微积分中引进严格的方法,其最有代表性的是《分析教程》和《无限小计算教程概论》,它们以严格化为目标,对微积分的基本概念,如变量、函数、极限、连续性、导数、微分、收敛等给出了明确定义,并在此基础上重建和拓展了微积分的重要事实与定理。

卡尔·魏尔斯特拉斯(Karl Weierstrass)(图 5-31)把柯西关于极限的定性描述改写成定量描述,即"$\varepsilon-\delta$"语言。这标志着极限理论算术化的完成。至此,极限概念摆脱了几何的直观形式,使其在一般的拓扑空间也能建立,为数学学科的发展产生了深远影响。

图 5-28　伯哈德·　　　图 5-29　赫尔曼·　　　图 5-30　奥古斯丁·　　　图 5-31　卡尔·
　　　波尔查诺　　　　　　　汉克尔　　　　　　　路易斯·柯西　　　　　魏尔斯特拉斯

5.4.4　春风化语之极限思想的人文教育价值

极限思想是一种重要的近代数学思想。丰富的极限思想蕴藏在深刻的极限概念中,极限概念不仅把相关的已有数学概念统一起来,还为数学的未来开拓广阔的道路。在许多实际问题中,人们需要确定某一个量,这个量的精确值往往无法得到。然而,通过测量等手段可以确定一连串近似值,通过考察这一串近似值的变化趋势,就可以把欲求的量的准确值确定下来。这种在无限变化过程中,通过巧妙地对有限情形的趋势进行分析,直接获得无穷过程的终极结果的数学思想就是极限思想。极限思想在人文教育方面的价值有了初步的探讨。大家公认,教育有两项最基本的职能:其一是帮助受教育者建立"核心价值观",其二是帮助受教育者提高应对环境改变的生活与工作技能。对数学教育来说,以数学理性精神为核心的"数学精神"培育十分重要。关于"数学精神",莫里斯·克莱因(Morris Kline)(图5-32)有一段非常精彩的论述:从最广泛的意义上说,数学是一种理性的精神,正是这种精神激发、促进、鼓舞和驱使人类的思维得以运用到最完善的程度,也正是这种精神试图决定性地影响人类的物质、道德和社会生活;试图回答有关人类自身存在提出的问题;努力去理解和控制自然;尽力去探求和确立已经获得知识的最深刻的和最完美的内涵。

"严密化"是数学理性精神的最主要组成部分。因此,理解与掌握严密的极限概念不仅仅是对将来从事数学研究工作的人很重要,对那些从事讲规则的行业(如律师、证券、军事、管理等)的人员来说也是不可缺少的。

从某种意义上说,极限精神(即"追求卓越",或者说离卓越总差那么一点点的精神)所体现的正是人的一种精神追求。实际上,极限精神与瓦尔特·赫尔曼·能斯特(Walther Hermann Nernst)(图5-33)发现的热力学第三定律"绝对温度只能无限接近,而永远不能达到"的科学精神是相通的。英国诗人威廉·莎士比亚(Wiliam Shakespeare)(图5-34)的诗句"心愿无限,成事可数,欲海无边,实践有限"中所体现的人文精神中也有极限的思想。

图5-32 莫里斯·克莱因

图5-33 瓦尔特·赫尔曼·能斯特

图5-34 威廉·莎士比亚

荷兰著名数学家、数学教育家汉斯·弗赖登塔尔(Hans Freudenthal)(图5-35)曾经说过,数学是依靠"就这样继续下去"与"一一对应"两大思想发展起来的。前者说的是永无止境的极限过程,极限是一盏指引人们从"有限"走向"无限"的神灯,它与数学哲学中的潜无穷相对应;后者说的是联系事物之间的对应方法,"一一对应"是开启天堂之门的金钥匙,也是管理混乱无序的无限世界的铁律,它与数学哲学中的实无穷相对应。实际上,任何人都是依靠"就这样继续下去"的信念活下去的,然后依靠"一一对应"使自己活得更充实。这与爱尔兰学者威廉·巴克莱(William Barclay)"幸福的人生有三个不可缺少的要素:有希望、有事做、有人爱"的幸福观相通。

此外,极限语言近于诗,它们都能对很广大的观念进行浓缩与提炼,直到正确的信息能恰如其分地传达为止。比如,唐代诗人李白(701—762年)(图5-36)的诗句"孤帆远影碧空尽,唯见长江天际流"与王之涣(688—742年)(图5-37)的诗句

"白日依山尽,黄河入海流"都具有相同的文学意境。

图 5-35　汉斯·弗赖登塔尔

图 5-36　李白

图 5-37　王之涣

由此可见,从人文精神提升与精神需求层面看,极限精神在数学教育中占有至关重要的地位。

5.5　学思践悟

从哲学角度来看,数学是一种用于描述和理解物理客观现实世界,从而提示人们做出数据结构决策的一种强有力的方法。而数学思想不同于普通思想,它强调的是采用精准的逻辑,以及创建系统的概念,以解决遇到的挑战和问题。可以说,数学思想强调的是一种跨越现实世界的门户思维,一种将抽象重新与实际联系起来的新式思想。它可以帮助我们了解物理客观世界,进而深化自身的知识和理解,在许多复杂情况下运用最精准的方法来定位问题原因,寻找最优的解决方法。

模块 6　悟数学之用

万物皆数，数皆有用。[①]

——米卡埃尔·洛奈（Mickaël Launay）

庄子曰："人皆知有用之用，而莫知无用之用也。"所谓"有用"有时也可能会披着"无用"的外衣。当我们看见一样事物时，设法读懂它存在的逻辑本质并将其灵活运用，我们便会清楚"有用"与"无用"的界限本就模糊，抑或根本没有"无用"一说，世间万物自有其深刻内涵，难得的是我们是否学会了透过现象看本质。

6.1　数学与密码

更远的未来，不需要加密了。因为加密是人们需要一定程度的独立性，如果人类自主性不断下降，可能不到 100 年，人类就没有足够的充足性或者独立性来支持加密。[②]

——"现代密码之父"惠特菲尔德·迪菲（Whitfield Diffie）

基本概念：

对称加密　非对称加密　密码矩阵　希尔密码　模逆矩阵　猪圈密码

6.1.1　趣味密码学

密码学中称原来的消息为明文，用人们日常生活中的语言写成，谁都能看懂，经过伪装的明文则变为密文，别人看不懂。由明文变成密文的过程称为加密，由密文变成明文的过程称为解密，改变明文的方法称为密码。密码学作为军事和政治斗争的一种技术，已有上千年历史。密码中的关键信息称为密钥。显然，密钥在保密通信中占有极其重要的地位，通常主要由通信双方私密商定。其他人知道了密钥就能读懂密文，若不知道密钥，即使得到密文，也看不懂，从而达到了保密的目的。加密、解密过程如图 6-1 所示。

[①]　米卡埃尔·洛奈. 万物皆数［M］. 孙佳雯，译. 北京：北京联合出版公司，2018.

[②]　复旦大学中国金融史研究中心. 全球化与行业变迁视野下的金融风险防控［M］. 上海：复旦大学出版社，2019.

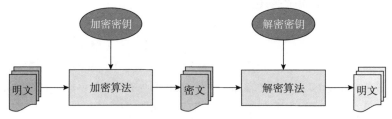

图 6-1　加密、解密过程

起初人们使用的是置换密码,只是把某个字母由某个其他字母替换而形成密文。然而置换密码中同一明文字母总是对应同一密文字母,人们往往可以利用字母出现的频率、重复方式及字母和字母的结合方式,将其应用到密码中来解方程,由此可知,用这种密码书写密文很容易被破译,保密性很差。于是编码学家创造了一种新的密码,叫作矩阵密码。

6.1.2　精讲留白:密码矩阵

矩阵密码是将一组 n 个明文字母指派给一组 n 个密文字母,同一字母可以有不同的字母对应,加密过程中使用的矩阵称为密码矩阵。

比如,用 $1\sim26$ 表示字母 A$\sim$Z,27 表示空格,28 表示"?",0 表示"!"(表 6-1)。

表 6-1　数字代码表

字母	A	B	C	D	E	F	G	H	I	J	K	L	M	N	O
数字	1	2	3	4	5	6	7	8	9	10	11	12	13	14	15
字母	P	Q	R	S	T	U	V	W	X	Y	Z	空格	?	!	
数字	16	17	18	19	20	21	22	23	24	25	26	27	28	0	

例:试依据上述数字代码表(表 6-1)加密信息明文"XIE XIE!"。

步骤 1:选取一密码矩阵 $\boldsymbol{M}=\begin{bmatrix} 1 & 1 & 1 \\ -1 & 0 & 1 \\ 0 & 1 & 1 \end{bmatrix}$(只有信息交流双方知道)。

步骤 2:将明文里的每一个字母参照表 6-1 转换成相应的数字(表 6-2)。

表 6-2　字母数字转换表

X	I	E	空格	X	I	E	空格	!
24	9	5	27	24	9	5	27	0

将表 6-2 中的数字整理成符合运算要求的矩阵 $\boldsymbol{P}$,即 $\boldsymbol{P}=\begin{bmatrix} 24 & 27 & 5 \\ 9 & 24 & 27 \\ 5 & 9 & 0 \end{bmatrix}$。

步骤 3：加密矩阵（矩阵乘法运算）

$$C=MP=\begin{bmatrix} 1 & 1 & 1 \\ - & 0 & 1 \\ 0 & 1 & 1 \end{bmatrix}\times\begin{bmatrix} 24 & 27 & 5 \\ 9 & 24 & 27 \\ 5 & 9 & 0 \end{bmatrix}=\begin{bmatrix} 38 & 60 & 32 \\ -19 & -18 & -5 \\ 14 & 33 & 27 \end{bmatrix}$$

若要破解（解密）矩阵 C 的信息，必须知道密码矩阵 M。本例中破解矩阵 C 的方式即为上述加密过程的逆过程：

$$P=M^{-1}C=\begin{bmatrix} 1 & 0 & -1 \\ -1 & -1 & 2 \\ 1 & 1 & -1 \end{bmatrix}\times\begin{bmatrix} 38 & 60 & 32 \\ -19 & -18 & -5 \\ 14 & 33 & 27 \end{bmatrix}=\begin{bmatrix} 24 & 27 & 5 \\ 9 & 24 & 27 \\ 5 & 9 & 0 \end{bmatrix}$$

小试牛刀

小强买了一束花准备送给他暗恋的女生，但他不确定这个女生是不是也喜欢他。女生喊他做一道题，做完后就确定了。已知：密码矩阵 $M=\begin{bmatrix} 1 & 1 \\ -1 & 0 \end{bmatrix}$，密文矩阵 $C=\begin{bmatrix} 9 & 42 & 31 & 21 & 52 & 36 \\ -8 & -15 & -16 & -14 & -27 & -15 \end{bmatrix}$，你能帮他揣摩女生的心意吗？

解：$P=M^{-1}C=\begin{bmatrix} 0 & -1 \\ 1 & 1 \end{bmatrix}\times\begin{bmatrix} 9 & 42 & 31 & 21 & 52 & 36 \\ -8 & -15 & -16 & -14 & -27 & -15 \end{bmatrix}$

$=\begin{bmatrix} 8 & 15 & 16 & 14 & 27 & 15 \\ 1 & 27 & 15 & 7 & 25 & 21 \end{bmatrix}$

对照表 6-1，可得明文"HAO PENG YOU"。

 密码矩阵 M 必须满足什么条件？矩阵 M 与 P 有什么样的关系？

6.1.3 思维拓展：猪圈密码

上述加密过程是完全的线性代数计算过程，很容易受到已知明文攻击。

九宫格和交叉十字是常见记号，受此启发，人们想到了用九宫格和交叉十字代表 26 个字母。

猪圈密码（pigpen cipher）也叫朱高密码、共济会密码、共济会员密码，是一种以格子为基础的简单密码。图 6-2 所示是传统猪圈密码设计图，也是最传统的猪圈密码，方便记忆。

根据以上设计图可得如表 6-3 所示的对照表。

图 6-2　传统猪圈密码设计图

表 6-3　图形密码与字母的对照表

字母	A	B	C	D	E	F	G	H	I	J	K	L	M
图形	⌐	⌐	⌐	⌐	⌐	⌐	⌐	⌐	⌐	⌐	⌐	⌐	⌐
字母	N	O	P	Q	R	S	T	U	V	W	X	Y	Z
图形	⊡	⊡	⌐	⌐	⌐	∨	〉	〈	∧	⌣	〉	〈	∧

　　传统猪圈密码对应的是字母 A～Z,要设计中文猪圈密码可以用两种方式,第一种方式是将中文翻译成英文,再用猪圈密码翻译,第二种方式就是将中文写成拼音,然后再用拼音对应猪圈密码来翻译。

尝试破译如下密码:

　　猪圈密码的外形古怪,已有几百年的历史。没人明确知道它是什么时候发明的,但这个密码被一个叫"自由石匠"的组织所使用,也被美国内战时的盟军所使用。它是一种以格子为基础的简单替代式密码,即使使用符号,也不会影响密码分析,也可用其他替代式方法设计出无数种变种,形如图 6-3 和图 6-4 所示。

图 6-3　猪圈密码的变种 1

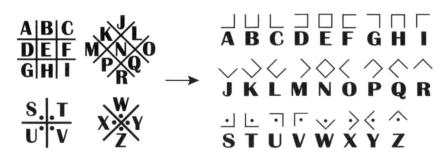

图 6-4   猪圈密码的变种 2

6.1.4   学思践悟

基于加密技术的保密通信模型,加密密钥的生成至关重要,如何快速有效地构造一个可逆矩阵作为加密密钥和求出其逆矩阵作为解密密钥是利用可逆矩阵实现保密通信的关键。打好信息保卫战是国与国之间战争的首要任务,青年学者要有开拓创新、严谨治学的精神,要有献身国防和坚定崇高的爱国主义理想。

6.2   线性方程组

吃鸡问题:假设有 1 位县令、5 位官吏、10 位随从,吃了 10 只鸡;10 位县令、1 位官吏、5 位随从,吃了 8 只鸡;5 位县令、10 位官吏、1 位随从,吃了 6 只鸡。问:1 位县令、1 位官吏、1 位随从,各吃多少只鸡?

基本概念:

线性方程组   齐次线性方程组   非齐次线性方程组   克拉默法则   高斯消元法矩阵   系数矩阵   增广矩阵   矩阵的初等变换   行阶梯形矩阵   行最简形矩阵   矩阵的秩   朗伯-比尔定理   光子   体素   像素   超定方程组   欠定超方程组   最小二乘解   正则化   范数   伪逆

6.2.1   方程发展简史

初中时我们已初步了解并学习了简单的线性方程组的解法,知道线性方程组的重要性,但不是每一个线性方程组都有解,所以首先要做的是判断线性方程组有无解。通过对矩阵的学习,知道矩阵的秩可以判断线性方程组有无解,在有解的情况下可以利用矩阵求解线性方程组。以线性方程组系数和常数项所构成的行列式矩阵作为基础,来研究线性方程组的求解问题,从而实现一个复杂的纯代数的问题和几何学科相联系,帮助我们更好地分析线性方程组求解问题。

求解线性方程组的一般方法有代入消元法、克拉默法则(Cramer's Rule)、高斯消元法。

代入消元法是初中时求解线性方程组的一种常用方法,当未知量很多时,消元工作量会很大。

克拉默法则是一种通过使用矩阵实现对线性方程组求解的一般方法,但要注意的是,使用克拉默法则求解线性方程组必须满足三个条件:第一,方程组必须是线性的;第二,待求解线性方程组中方程的个数和未知量的个数相等;第三,未知量的系数矩阵行列式 $|D| \neq 0$。而且,克拉默法则并不适用于所有的满足条件的线性方程组,因为它的计算量太大,一般也不会使用克拉默法则的方法求解线性方程组。

　如何正确理解"待求解线性方程组中方程的个数和未知量的个数相等"?

高斯消元法是用矩阵的初等变换求解线性方程组,主要有以下几步:第一步,写出线性方程组的增广矩阵;第二步,通过将增广矩阵化为行阶梯形矩阵来判断线性方程组到底是否有解;第三步,当解存在时可以通过初等变换将矩阵进一步化为最简形式;第四步,求出线性方程组的一个特解;第五步,求线性方程组的通解。

6.2.2　精讲留白:CT 图像重建

在高职院校,学生在线性代数的学习中应主要掌握课程基本内容,以及如何将所学知识应用到后续的专业学习中。在教学中,学生往往会有疑问:现在学习的代数知识到底在后续专业课程学习中会如何体现?以数字媒体艺术设计专业为例,线性代数在图形图像制作中随处可见。比如,图像重建就用到了线性方程组。

所谓图像重建,就是通过物体外部测量的数据,经数字处理获得三维物体的形状信息的技术。图像重建技术开始是在放射医疗设备中应用,显示人体各部分的图像,后逐渐在许多领域获得应用,主要有投影重建、明暗恢复形状、立体视觉重建和激光测距重建。

放射医疗设备是如何实现"透视"的呢?

1. 扫描仪的主要结构

CT 是英文 Computed Tomography 的缩写,中文全称为计算机断层扫描,是计算机与 X 射线检查技术相结合的产物。X 射线也叫伦琴射线,是电磁波的一种,有很高超的穿透本领,可以穿透很多不透光的物质,使胶片感光。用 X 射线照射人体时,由于各种组织密度不同,吸收量也不同,胶片上的感光程度也会不同。常规的 X 光成像技术利用的是光影原理,从人体一侧照射 X 射线,此时,人体另一侧的胶片被感光,可记录骨骼的轮廓。CT 扫描仪(图 6-5)看起来像是一个竖立的大圆圈饼,患者躺在扫描架上,随扫描架慢慢通过一个洞,进入仪器中,X 射线管安装在洞边缘一个可移动的圆环上,在圆环与 X 射线管相对的位置上安装了一列 X 射线探测器,电动机驱动圆环转动,使 X 射线管和 X 射线探测器围绕躯体进行旋转,每一次完整的旋转都可以扫描出人体上一个狭窄的水平断层,然后控制系统,将扫描架向洞里推进一些,扫描下一个断层。通过这种方式,机器按设定的层距一层一层进行扫描成像,再由计算机进行处理、运算、重建成图像显示出来。这就是 CT 扫描仪的基本原理。CT 扫描仪是全角度对人体进行断层依次扫描,形成的图像相当于把人体切成一个个薄片,所以能比普通的 X 光检查观察得更清楚。在现代医学中,CT 扫描仪在无创诊断、癌症诊断中发挥着重要作用,其价值不可估量。

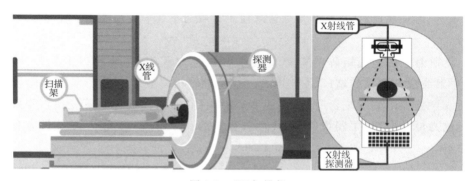

图 6-5　CT 扫描仪

2. 获取投影数据

医学 CT 通常是通过物质密度来对物质进行区分的,以密度均匀的物体为例进行扫描,根据朗伯-比尔定理(Lambert-Beer Law),单能 X 射线穿过均匀物体时 X 射线强度的衰减可由公式表达:$I_0 = Ie^{-\mu l}$。其中,I_0 表示 X 射线经过物体后出射的 X 射线强度,I 表示 X 射线源出射强度,μ 表示物体内部的衰减系数,l 表示 X 射线在物体内部经过的距离。扫描架上 X 射线发射器与接收器一一对应,X 射线发射器与接收器每转动 1°,每个接收器会接收到一个 X 射线经过物体衰减之后的信号。所有路径的接收信号组合起来,形成一组投影数据 p。$p = \ln \dfrac{I}{I_0} = \mu l$,定义为广义的投影值。只有单能窄束的 X 射线透过物体时才有唯一与之对应的线性衰减系数。CT 扫描仪使用的是具有一定能谱宽度的连续 X 射线,而不同能量的 X 射线通过同一体素时对应的衰减系数是不同的。实际每一体素的衰减系数值是一个平均衰减系数,即以连续谱中各种成分所占比例为权重的各种衰减系数的加权平均值。每个体素的平均衰减系数可理解为与扫描用的连续 X 射线的有效能量相对应的衰减系数。

同样,对密度不均匀的物体进行扫描,当物体内部衰减分布不均匀时,每个接收器会接收到一个 X 射线经过物体衰减之后的信号。当所有路径的接收信号组合起来,形成一组投影数据 p。此时,沿 X 射线束扫描通过的路径上,介质的衰减系数是连续分布的,$\mu = \mu(l)$,则 $p = \int \mu(l)\mathrm{d}l$。

3. 图像重建

投影数据是某个物体在某个角度的积分,从这个积分得出物体空间本来的数据分布就是图像重建。从不同的角度 θ,建立与鸡兔同笼一样的方程组即可得到本来空间的数据,也就是进行多角度的线性叠加,转化成能理解的三维图像,这个过程也称为反投影。简单来说,CT 扫描过程中 X 射线穿透人体的每个层面内的结构可以被分成多个小立方体(被称为体素,voxel),每个小立方体都对应一个单独的衰减信号,把每一个体素的衰减信号输入图像平面矩阵中相应的小格子(被称为像素,pixel)中,然后以不同的灰度反映出来,这就是 CT 图像重建的过程。

定义 CT 图像中每个像素所对应的体素 CT 值:$\mathrm{CT} = k\dfrac{\mu - \mu_\mathrm{w}}{\mu_\mathrm{w}}$,这里,$\mu$ 为每个体素的平均线性衰减系数;μ_w 为水对能量,为 73keV(keV 表示 1 000 电子伏特,是为使电子加速通过 1 000V 电压差所需要的能量)的 X 射线的衰减系数,$\mu_\mathrm{w} = 19\mathrm{m}^{-1}$;$k$ 为分度因子,通常取 $k = 1000$。CT 值的单位为亨(HU)。每个体素的 CT 值是按相对于水的衰减计算出的衰减系数的相对值,不同组织的 CT 值可将探测器测得的 X 射线衰减系数通过一定的数学公式转换求得。人体各种组织的 CT 值在骨骼和空气的 CT 值范围里。X 射线能量不同,组织的 CT 值也不一样。如果某个体素内包含几种不同的组织成分,该体素的衰减系数是所含各种组织成分的加权平均值,则该体素的 CT 值就是与衰减系数的加权平均值相对应的 CT 值。平均 CT 值不能准确地与各种组织成分的密度相对应,就会产生伪像。对模拟图像从全黑到全白可有无数个不同的灰度(黑白或明暗的程度),每个 CT 值对应一个灰度。若 CT 值按 2 000 个计算,相应的灰度值有 2 000 个,即从全黑(CT 值为 $-1\,000$)到全白(CT 值为 $+1\,000$)有 2 000 个不同的黑白或明暗等级(灰度)。即是说,把各体素的 CT 值转换为对应像素的灰度,CT 值越大,图像越白。CT 值越小,图像越黑。CT 图像是以灰度分布的形式显示的图像。

现有的 CT 图像重建算法包括主流的迭代重建和最新的深度学习重建,使用解线性方程组进行图像重建的方法就是迭代重建法。

下面以 4 个体素为例(图 6-6)对迭代重建原理进行简单说明:假设四个体素的衰减系数分别为 1、2、3、4,那么直接把相应体素的衰减系数转换成该体素的 CT 值,再将 CT 值对应的灰度值直接输入对应的像素内就可以生成图像了,是不是觉得太简单了呢?

图 6-6   衰减系数与像素的关系

事实上,每个体素具体的衰减系数事先并不知道,通过扫描获得的是不同方向上各体素衰减系数的总和。如图 6-7 所示,投影方向 1～6(方向为从球管到探测器)获得的总衰减系数分别为 35、20、45、20、35、10,每个体素具体的衰减系数是多少呢?

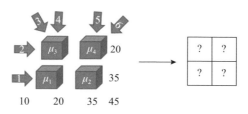

图 6-7   不同方向上各体素衰减系数之和

使用单下标标记未知的各体素的衰减系数,建立如下线性方程组:

$$\begin{cases} \mu_1 + \mu_2 = 35 \\ \mu_3 + \mu_4 = 20 \\ \mu_1 + \mu_3 = 20 \\ \mu_2 + \mu_4 = 35 \\ \mu_1 + \mu_4 = 10 \\ \mu_2 + \mu_3 = 45 \end{cases}$$

    试判断以上方程组解的情况。

对上述线性方程组求解即可得到各位置的 X 射线衰减系数,即为物体内部密度信息。因此,CT 重建就是要从投影数据中求解物体内部衰减系数的分布,实现无损地检测物体内部结构信息。

6.2.3   思维拓展:不定方程组

上述方程组求解问题用矩阵形式可以描述为 $\boldsymbol{AX} = \boldsymbol{P}$。其中,$\boldsymbol{X}$ 是要求的衰减系数矩阵,$\boldsymbol{P}$ 是投影数据矩阵,$\boldsymbol{A}$ 是方程组的系数矩阵,a_{ij} 代表第 j 个衰减系数对第 i 个投影值的贡献,即投影射线在该像素内所截的线段长度。矩阵 A 的逆矩阵存在即可得到重建图像为 $\boldsymbol{X} = \boldsymbol{A}^{-1}\boldsymbol{P}$。值得一提的是,贡献不一定只是线段长度,也可以是成像中的物理现象(衰减和点扩散函数)。

很多时候,系数矩阵 A 不总是方阵,有可能有效方程个数大于未知数个数(超定线性方程组),也有可能有效方程个数小于未知数个数(欠定线性方程组)。

很明显,当线性方程组超定时,就好比给定的三点不在一条直线上,我们将无法得到这样一条直线,使得这条直线同时经过给定的三个点。也就是说给定的条件(限制)过于严格,导致解不存在。在实验数据处理和曲线拟合问题中,求解超定方程组非常普遍。而比较常用的方法是最小二乘法,形象地说,就是在无法完全满足给定的这些条件的情况下,求一个最接近的解。

当线性方程组超定时,可以在 $AX = P$ 左右两端乘上 A^T,得 $A^TAX = A^TP$,该方程的系数矩阵 $[A^TA]$ 和增广矩阵 $[A^TA | A^TP]$ 的秩均为 n,即该方程的未知数的个数等于有效方程的个数,所以该方程有唯一解且为原方程的最小二乘解 $X = (A^TA)^{-1}A^TP$。

欠定线性方程组的解不唯一,究其原因是约束条件不够。如何找到一个最优解或满意解呢? 必须增加条件。正则化(regularization)是一种常用的增加条件的方法,也就是引入一个函数 $J(X)$,以评价 X 的候选解,并且 $J(X)$ 越小,X 越好。以上描述可转化为求解如下优化问题:$\min_X J(X)$ s. t. $P = AX$。最常见的 $J(X)$ 函数是欧几里得范数的平方 $\|X\|^2$,由此对应了最小范数解。上述优化问题转换为 $\min_X \|X\|^2$ s. t. $P = AX$。使用拉格朗日算子法可得最优解 $X_{opt} = -\dfrac{1}{2}A^T\lambda = A^T(AA^T)^{-1}P$。

6.2.4 学思践悟

总结 CT 成像过程,主要有以下 5 个步骤。

(1) 对欲建立图像的体层进行体素划分,并对划分好的体素进行空间位置编码。

(2) 按一定的规律对体层进行扫描,以获取足够多的投影值。

(3) 通过计算机,用一定的算法对获取的投影值进行处理,得到各体素的衰减系数值。

(4) 根据 CT 值的定义把各体素的衰减系数转换为相应的 CT 值,得到体层的 CT 值的二维分布。

(5) 将各体素的 CT 值转换为图像画面上对应像素的灰度,此灰度分布就是 CT 影像。

理论来源于实践,理论的价值最终也在实践中体现。线性代数在编码解码等领域有重要的应用,一半以上的实际应用问题,最终都可以转化成一个超大规模的线性方程组问题。

学过线性代数的人都知道,线性代数的发展史上并没有中国人的名字,难道古老的中华民族在近代数学发展中落伍了？其实不然，以矩阵的起源为例，早在《九章算术》中，我们的祖先就采用分离系数的方法表示线性方程组。《九章算术》方程章中共 18 道题目，其中关于二元一次方程组的有 8 道题目，关于三元方程组的有 6 道题目，关于四元、五元方程组的各有 2 道题目，其求解的基本方法和加减消元法基本一致，是世界上最早的完整的简单线性方程组的解法。而在西方，直到 17 世纪才由戈特弗里德·威廉·莱布尼茨（Gottfried Wilhelm Leibniz）提出完整的线性方程的解法。这既说明了人类的认知途径是从简单到复杂，从形象到抽象，形象和抽象相结合的认知规律，又验证了"实践—理论—实践"的马克思主义认识论，更说明了中国数学对于世界的影响。

6.3 线 性 规 划

以追求多种答案和解决方法为特征的发散性认识加工能力就是一种创造性能力。[①]

——"线性规划之父"乔治·伯纳德·丹齐格（George Bernard Dantzig）

在人类进行的各项活动中，要做成一件事情，往往要受到各种主客观条件的限制，一个自然的想法是："如何在现有条件下以最小的代价获得最佳效果。"这就是通常所说的优化问题，相应的数学方法就是优化方法。在优化领域，丹齐格就是一位杰出代表。他强调在最小信息或信息不完备、不充分的前提下能产生新的观念是创造力强的标志。

基本概念：

线性规划 整数规划 可行解 可行域

6.3.1 线性规划的道与术

线性规划（linear programming，LP）也称为线性优化，是一种在数学模型中实现最优化（如利润最大或成本最低）的方法，要求由线性关系表示。

据了解，世界 500 强企业中绝大部分表示它们会使用线性规划来解决业务问题。线性规划作为"二战"期间开发的一种数学模型，可用于规划支出和回报，以降低军队的成本并增加敌人的损失。它一直保密到 1947 年。"二战"后，许多行业都在日常规划中使用了它。该学科的创始人是 1939 年提出线性规划问题的苏联数学家利奥尼德·康托罗维奇（Leonid Kantorovich）、1947 年发表单纯形方法的丹齐格和同年提出对偶性理论的冯·诺依曼（John von Neumann）。

线性规划广泛地应用于如下领域。

---

① 梁美灵，王则柯.混沌与均衡纵横谈[M].杭州:浙江大学出版社,2020.

（1）运输网络问题，包括旅行商问题、装箱问题、垃圾回收问题等。

（2）供应链管理，包括食品供应、疫苗分发等。

（3）计划管理，包括人力资源的分配、训练等。

（4）投资决策，包括投什么及投多少。

……

线性规划是一种数学优化形式，旨在确定使用有限资源实现给定目标的最佳方式。

线性规划问题的关键要素如下。

（1）决策变量。在最初处理问题时，决策变量通常是未知的。这些变量通常代表管理者可以控制的可识别的"事物"或输入，需结合目标函数来确立。

（2）目标函数。这是一个数学函数，用决策变量的表达式来体现管理者的目标。管理者的目标是最大化或最小化目标函数。

（3）约束条件。为实现优化目标需受到的限制用决策变量的等式或不等式表示。决策变量很少允许取任何值，它们通常有界限（如大于或等于 0）。

值得一提的是，虽然线性规划中目标函数和约束条件的所有数学表达式本质上都必须是线性的，但最大和最复杂的线性规划问题往往有数百万个决策变量和数十万个约束条件。

目前，求解线性规划问题的大型软件除了有 Matlab、Mathematica 外；还有 Lingo 和 Lindo 等专业软件，能处理大型多变量的矩阵运算，而 Excel 也有模块（插件）来处理小型的线性规划问题。同样，Python 作为最流行的开源脚本语言，将 scipy、pulp 和 pyomo 等多个库用来求解线性规划问题。相比而言，Lingo 软件在处理线性规划模型时更加专业，输出结果也更加合理，可读性更强；Python 更适合大型或者巨型线性规划模型；Excel 软件适用于较小的线性规划模型使用，但优点是不需要特别安装，也不需要有编程基础就能顺利将线性规划模型求解出来。日常的课堂教学过程中也可以使用 Excel，难度较低，容易上手，但在处理实践生活中或者商业化项目时，决策变量和约束条件比较多的时候，建议使用 Python 或者 Lingo 来处理大型线性规划模型。

6.3.2　精讲留白：线性规划图解法

根据高等代数的知识，线性规划的等式约束即为线性方程组。因而，满足非负条件的线性方程组的解均为线性规划问题的可行解。

小型的线性规划模型如例 6-1 所示，我们可以手动求解，了解计算机软件求解原理。

例 6-1　某工厂在计划期内要安排Ⅰ、Ⅱ两种产品的生产，生产单位产品所需的设备台时及 A、B 两种原材料的消耗和资源限制如表 6-4 所示。

表 6-4   产品生产的前提条件

项　　目	产品Ⅰ	产品Ⅱ	资源限制
设备台时	1 台时/单位	1 台时/单位	300 台时
原料 A	2kg/单位	1kg/单位	400kg
原料 B	——	1kg/单位	250kg

工厂每生产一单位产品Ⅰ可以获利 50 元,每生产一单位产品Ⅱ可获利 100 元,问工厂应分别生产多少单位产品Ⅰ和产品Ⅱ才能使获利最多?

解析:按线性规划问题的建模三要素(决策变量、目标函数、约束条件)原则,本例的最终目标是获利最多。谁能带来利益?很明显,产品Ⅰ、产品Ⅱ都能。已知生产一单位产品Ⅰ、产品Ⅱ分别可获利 50 元和 100 元,但并不知道产品Ⅰ、产品Ⅱ的产量。由此,结合目标,本例将确立两个决策变量:产品Ⅰ的产量 x_1,产品Ⅱ的产量 x_2。有了决策变量,目标函数(总获利 z)应运而生:$z = 50x_1 + 100x_2$。仔细观察,如果没有条件限制,想要获利最多,当然是产品Ⅰ、产品Ⅱ的产量 x_1、x_2 越大越好(趋于∞),最后获利自然也为∞。现实显然会有诸多限制,不是你想生产多少就生产多少,如本例中,设备的台时受限 $x_1 + x_2 \leqslant 300$;原材料也有限 $\begin{cases} 2x_1 + x_2 \leqslant 400 \\ x_2 \leqslant 250 \end{cases}$;还有一个容易被忽略的约束条件 $\begin{cases} x_1 \geqslant 0 \\ x_2 \geqslant 0 \end{cases}$。于是,本例的关键在于在资源受限的情况下,如何安排生产才能使获利最多。

解:设产品Ⅰ、产品Ⅱ的产量分别为 x_1、x_2,建立线性规划模型如下:

$$\max z = 50x_1 + 100x_2$$

$$\text{s. t.} \begin{cases} x_1 + x_2 \leqslant 300 \\ 2x_1 + x_2 \leqslant 400 \\ x_2 \leqslant 250 \\ x_1 \geqslant 0 \\ x_2 \geqslant 0 \end{cases}$$

其目标和约束均为线性表达式。

线性规划主要有两个方面的内容:一是做出一份好的计划;二是找到一种简捷有效的计算方法。对于求解线性规划来说,经典的求最值方法是无能为力的,因此求解线性规划问题显得非常重要。

对于只有两个决策变量的线性规划问题,可以在二维直角坐标平面上作图表示线性规划问题的有关概念并求解。

上述线性规划模型的决策变量只有两个,可以尝试用图解法,其求解步骤如下:①建立直角坐标系,画出可行域(图 6-8 的黑色区域);②作目标函数的等值线,找出最优解(切点即为最优解,找出切点坐标,并代入目标函数求得最优值,图 6-9)。

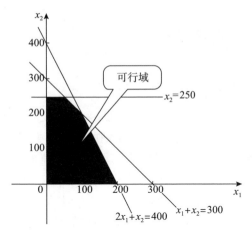

图 6-8　线性规划模型的可行域

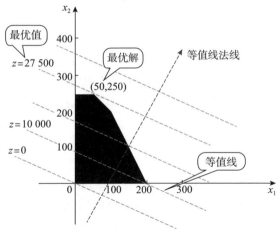

图 6-9　等值线与最优解

小试牛刀

用图解法求解下列线性规划问题:

$$\max z = 3x_1 + 9x_2$$

$$\text{s. t.} \begin{cases} x_1 + 3x_2 \leqslant 22 \\ -x_1 + x_2 \leqslant 4 \\ x_2 \leqslant 6 \\ 2x_1 - 5x_2 \leqslant 0 \\ x_1 \geqslant 0 \\ x_2 \geqslant 0 \end{cases}$$

如何判断线性规划问题解的情况?

6.3.3 思维拓展:线性规划单纯形法

图解法只能解决二维的线性规划问题,那么更多变量的问题怎么办?这里不得不提"线性规划之父"丹齐格,它对线性规划的贡献有两个方面:一是建立线性规划模型;二是创建求解线性规划问题的单纯形法。单纯形法的创建标志着线性规划的诞生。后来,丹齐格和他的追随者们进一步发展、改进和完善了单纯形法,并分别得到诸如二阶段法扰动法、字典序规则、Bland 法、改进的单纯形法、对偶单纯形法、用 Lagrange 乘子求解线性规划问题法和对偶单纯形法。

线性规划问题的解一般有无穷多个,如果不缩小搜寻范围,工作量太大。单纯形法就是一种将最优解缩小在一个有限范围内的代数搜寻法。

回顾图解法,我们知道:最优解必定在可行域的顶点上取得,而顶点的个数总是有限的。多维线性规划问题的可行域也存在有限个顶点。如果能够从一个顶点开始,通过某种方式向更优顶点转移,总会找到最优点。

单纯形法求解的基本思路:找到一个顶点(初始基本可行解);判断它是否最优(最优性检验);如果不是,通过更换顶点的方式找到更优的顶点(基变换);重复以上步骤直到找到最优顶点。

历史上,丹齐格首先把他的单纯形法应用到运输问题中。1941 年,美国的弗兰克·劳伦·希契科克(Frank Lauren Hitchcock)在交通运输方面的文章 *The distribution of a product from several sources to numerous location* 中首先研究和应用了线性规划方法。此后,人们对这一问题的研究给予了极大的关注,并对各类运输问题进行了研究。希奇柯克的运输问题模型既有线性目标函数又有线性约束条件,这就是现在的线性规划模型。从这一角度讲,希奇柯克的工作是创造性的,他的运输问题模型可以说是最早的线性规划模型。

例 6-2 某公司从两个产地 A_1、A_2 将物品运往三个销地 B_1、B_2、B_3。各产地的产量、各销地的销量和各产地运往各销地每件物品的运费如表 6-5 所示。

表 6-5 运价表

—	B_1	B_2	B_3	产量
A_1	6	4	6	200
A_2	6	5	5	300
销量	150	150	200	—

问:如何调运可使总运输费用最小?

解:设 x_{ij} 为从产地 A_i 运往销地 B_j 的运输量,如表 6-6 所示。

表 6-6　运输量表

—	B₁	B₂	B₃	产量
A₁	x_{11}	x_{12}	x_{13}	200
A₂	x_{21}	x_{22}	x_{23}	300
销量	150	150	200	—

因此,据题意可建线性规划模型如下:

$$\min f = 6x_{11} + 4x_{12} + 6x_{13} + 6x_{21} + 5x_{22} + 5x_{23}$$

$$\text{s. t.} \begin{cases} x_{11} + x_{12} + x_{13} \leq 200 \\ x_{21} + x_{22} + x_{23} \leq 300 \\ x_{11} + x_{21} \leq 150 \\ x_{12} + x_{22} \leq 150 \\ x_{13} + x_{23} \leq 200 \\ x_{ij} \geq 0 \quad (i = 1, 2, 3; j = 1, 2, 3) \end{cases}$$

观察此模型的系数矩阵:

$$\mathbf{A} = \begin{bmatrix} 1 & 1 & 1 & 0 & 0 & 0 & 200 \\ 0 & 0 & 0 & 1 & 1 & 1 & 300 \\ 1 & 0 & 0 & 1 & 0 & 0 & 150 \\ 0 & 1 & 0 & 0 & 1 & 0 & 150 \\ 0 & 0 & 1 & 0 & 0 & 1 & 200 \end{bmatrix}$$

前两行之和刚好等于后三行之和,是典型的产销平衡运输问题。由于运输问题系数矩阵的特殊性,如果直接使用线性规划单纯形法求解计算,则无法利用这些有利条件。人们在分析运输问题系数矩阵特征的基础上建立了针对运输问题的表上作业法,此方法针对的是产销平衡问题。

对于产销不平衡的运输问题,若想尝试表上作业法,必须将其转化为产销平衡问题,如何进行转化呢? 产大于销时如何进行转化? 销大于产时,又该如何进行转化?

6.3.4　学思践悟

线性规划是运筹学、决策科学和管理科学最重要的基础,现已成为人们合理利用、调配有限资源作出最佳决策的有力工具。除了生产计划安排和运输问题等经典的应用领域,因其算法简单、高效,适于处理大规模科学与工程问题,线性规划还在现今的机器学习等热点研究领域发挥着重要作用。在线性规划的实际应用中,如生产计划安排、物资运输与调度、工作指派等对应的线性规划问题中,其所涉及的全部或部分决策变量往往有整数性的要求,这就是整数线性规划问题。整数性要求使常用的解析方法不便用于整数规划问题,因而整数规划的分析和求解更为困难。结合松弛法的思想,单纯形法和对偶单纯形法等线性规划算法可以用于变量有整数性要求的整数线性规划问题,从而进一步扩展线性规划的应用范围。

线性规划求的是最后方案和最好结果,前提是能把可行域找出来。人追求的当然是最美好的东西,在追求美好事物的过程中是有限制条件的,就像线性规划中由约束条件构造的可行域一样,所做的追求都是由环境等条件制约着的,应该在条件允许的情况下采取最好的方案,努力达到最好的目标,这才是正确的做法。因此,凡事应该从实际情况出发,不能盲目为之。

6.4　博　弈　论

如果有人不相信数学是简单的,那是因为他们没有意识到人生有多复杂。[①]

——"博弈论之父"冯·诺依曼(John von Neumann)

人生是永不停息的博弈过程,博弈意味着通过选择合适策略达到合意结果。作为博弈者,最佳策略是最大限度地利用游戏规则;作为社会的最佳策略,是通过规则引导社会整体福利的增加。

基本概念:

博弈局中人策略　得失　次序　纳什均衡　零和博弈　均衡偶　非零和博弈
占优策略均衡

6.4.1　博弈论浅介

博弈论源自 Game Theory,其字面意思是有关"游戏的理论",或者说是来源于游戏的理论。这种理论起源于棋牌、扑克等赌博的研究。现代博弈论鼻祖被公认为是冯·诺依曼。1928 年,冯·诺伊曼发表题目为"社会博弈理论"(*Zur Theorie der Gesellschaftsspiele*)的文章,证明了著名的"极大极小定理",之后博弈论受到广泛关注。1944 年,冯·诺依曼和奥斯卡·摩根斯坦(Oskar Morgenstern)合作写了一本书《博弈论与经济行为》,这本书被认为代表了现代博弈理论的兴起,所以冯·诺依曼也是博弈论之父。冯·诺依曼对博弈论产生兴趣,他的灵感来自他的一个业余爱好——打扑克。他非常喜欢打牌,而且非常喜欢算牌,但是他的表现很糟糕。后来有一天,他痛定思痛,概率不是打牌的全部,如何出牌不仅取决于算准牌面,更要读懂人心,实现对对手的洞察,这就是我们所说的策略,于是他开始研究策略。

---

① 万维钢.博弈论究竟是什么[M].北京:新星出版社,2020.

　　博弈根据不同的基准有不同的分类。一般认为,博弈主要可以分为合作博弈和非合作博弈,二者的区别在于相互发生作用的当事人之间有没有一个具有约束力的协议,如果有,就是合作博弈;如果没有,就是非合作博弈。

　　根据行为的时间序列性,博弈论进一步分为静态博弈和动态博弈两类。静态博弈是指在博弈中参与人同时选择或虽非同时选择但后行动者并不知道先行动者采取了什么具体行动。动态博弈是指在博弈中参与人的行动有先后顺序,且后行动者能够观察到先行动者所选择的行动。通俗地理解,"囚徒困境"是同时决策的,属于静态博弈;而棋牌类游戏等决策或行动有先后次序的,属于动态博弈。

　　根据参与人对其他参与人的了解程度,博弈可分为完全信息博弈和不完全信息博弈。完全博弈是指在博弈过程中每一位参与人对其他参与人的特征、策略空间及收益函数都有准确的信息。不完全信息博弈是指参与人对其他参与人的特征、策略空间及收益函数信息了解得不够准确,或者不是对所有参与人的特征、策略空间及收益函数都有准确的信息。

　　由于合作博弈论比非合作博弈论复杂,在理论上的成熟度远远不如非合作博弈论,现在经济学家们所谈的博弈论一般是指非合作博弈。非合作博弈又分为完全信息静态博弈、完全信息动态博弈、不完全信息静态博弈、不完全信息动态博弈。与上述四种博弈相对应的均衡概念为 Nash 均衡(Nash equilibrium)、子博弈完美 Nash 均衡(subgame perfect Nash equilibrium)、贝叶斯 Nash 均衡(Bayesian Nash equilibrium)、完美贝叶斯 Nash 均衡(perfect Bayesian Nash equilibrium)(见图 6-10)。

	完全信息	不完全信息
静态	Nash均衡	贝叶斯Nash均衡
动态	子博弈完美Nash均衡	完美贝叶斯Nash均衡

图 6-10　非合作博弈的 Nash 均衡

6.4.2　精讲留白:囚徒困境

　　在博弈论中,非合作博弈中完全信息静态博弈的一个著名例子是由阿尔伯特·塔克(Albert Tucker)给出的"囚徒困境"(prisoners' dilemma)博弈模型。该模型用一种特别的方式为我们讲述了一个警察与小偷的故事。

　　1950 年,美国从事综合性战略研究业务的兰德公司的两位员工共同设计了一个关于困境的假设,之后由公司的一位资深顾问用囚徒的方式对这个假设进行表述并正式称为"囚徒困境"。纳什均衡理论因为创立该理论的美国经济学家约翰·纳什(John Nash)与另外两位数学家获得了 1994 年诺贝尔经济学奖而为经济学界所熟知。作为对非合作博弈思想的通俗而典型的解释,"囚徒困境"的思想早于纳什均衡理论存在,或是说更早地为经济学界知晓。

"囚徒困境"案例假设的基本框架是:在某城市,某一天警方抓捕了两个合伙入室进行偷盗活动的犯罪嫌疑人,但并没有证据确凿地人赃俱获。警方将这两个犯罪嫌疑人一人一间审讯室囚禁起来,使他们无法见面也无法交流沟通。之后,警方对他们都做了郑重严肃的告知约定,而且让这两个犯罪嫌疑人知道,警方对他们两个人做了同样的告知约定。警方的告知约定是:如果他们中只有一人向警方坦白,如实供述偷盗事实,另一人选择抵赖不坦白,那么将来法庭会判坦白者服刑 6 个月,判其抵赖的同伙服刑 10 年;如果他们两人都向警方做了坦白,都能如实供述偷盗事实,那么将来法庭会判他们每人服刑 8 年;如果他们两人都抵赖,都不坦白,那么因现有证据不足,将来法庭不能以盗窃罪判刑而只能以非法入室罪判他们两个人各服刑 2 年。警方告知之后,给这两个被囚禁的犯罪嫌疑人 1 个小时的时间自己思考做出决定。结果 1 个小时后,这两个被囚禁的犯罪嫌疑人都选择了向警方坦白。于是,按照警方的告知约定,在他们都向警方做了坦白,即都能如实供述偷盗事实之后,法庭将判这两个犯罪嫌疑人每人服刑 8 年。如果这两个犯罪嫌疑人中一个人坦白,另一个人抵赖,那么按照警方的告知约定,对坦白者最有利,仅需服刑 6 个月,而对抵赖者最不利,因为他将被判服刑 10 年。但是,这种情况不会出现。如果这两个被警方囚禁的犯罪嫌疑人都不坦白,即都选择抵赖,那么按照警方的告知约定,他们每个人将会被判服刑 2 年。但是,这种情况也不会出现。结果就是,这两个被警方囚禁的犯罪嫌疑人都选择了坦白,即向警方如实供述他们偷盗的事实,那么按照警方的告知约定,他们每个人要被判服刑 8 年(图 6-11)。

犯罪嫌疑人乙 ＼ 犯罪嫌疑人甲	坦白	抵赖
坦白	(8,8)	(0.5,10)
抵赖	(10,0.5)	(2,2)

图 6-11　"囚徒困境"支付矩阵

解析:这两个被警方囚禁的犯罪嫌疑人面对这样的博弈时,每个人都恐怕别人坦白,自己不坦白,自己将受到最重的刑罚。所以,每个人都愿意选择坦白,并寄希望于另一个人不坦白,使自己被判的刑罚最轻。于是,在两个囚徒具有同样想法的前提下,实际结果就必然是两个人都选择向警方彻底坦白,因而按照事先警方给出的告知约定,两个囚徒最终都得服刑 8 年。纳什均衡就是非合作博弈的结果,即博弈的双方由于不合作都得不到最好的结果,都只能接受谁也不愿意得到的无奈的既不是最好也不是最坏的结果。

> **红黑游戏**：将游戏成员分成 A、B 两组，组间成员不允许交流，在经过组内讨论、投票之后向对方出牌，出牌只能是红、黑两色。找一个不参与游戏的人当通信员，然后公布两组之间对方的出牌，通信员必须在确认 A 组或 B 组的出牌结果有效之后才能公布对方小组的出牌。游戏规则：① 两组各自选择出自己的组长，由组长统计投票，统计出多少张红牌，多少张黑牌，以少数服从多数的方式报告通信员小组的投票结果；② 小组中只要有一人弃权，则该次投票无效，投票的有效性由通信员进行否定或确认。得分规则如下：如果一方为红牌，另一方为黑牌，则出黑牌方扣 5 分，出红牌方得 5 分；如果双方都出黑牌，各得 3 分；如果双方都出红牌，各扣 3 分。游戏进行五轮投票，其中第二轮得分乘以 2 倍，第四轮得分乘以 3 倍。最后累计正分者获胜。
>
> 你准备好了吗？

6.4.3　思维拓展：如何走出囚徒困境

亚当·斯密(Adam Smith)在《国富论》中有这样一段经典描述："当个人在追求他自己的私利的时候，市场看不见的手会导致最佳经济后果。我们的晚餐并不是来自屠夫、啤酒酿造商或者点心师傅的善心，而是源于他们对自身利益的考虑。每个人只关心自己的安全、自己的得益。他由一只看不见的手引导着，去提升他原先没有想过的另一目标。他追求自身的利益，结果也提升了社会的利益，比他一心要提升社会利益还要有效。"

他告诉我们，受看不见的手的指引，个人的自利行为会带来互利，自由市场经济也因此变成了一种价值准则。但是博弈论在一定程度上颠覆了亚当·斯密以来的经济学道统，它告诉我们，个体理性与集体理性之间存在冲突，社会利益的损失并不是由于个体决策的失误，恰恰相反，可能是个体理性的结果与反映。

"囚徒困境"秉承了亚当·斯密的思想，即人都是从维护自身利益出发作出选择的。然而，既定的"囚徒困境"给出的两个犯罪嫌疑人不是分别作案，而是团伙作案，两个人是一块行动的，有共同的作案目的。因此，对于"囚徒困境"只作囚徒个人角度的分析还不够，甚至不妥。既然两个囚徒是共同作案被抓获的，那么理所应当按照团伙作案进行案例分析。只是，按照团伙作案分析，就可能不是非合作博弈了。不过，对于给定的案例，需要进行合乎逻辑的分析，不能先限定于必须是非合作博弈的分析。因此，我们将案例分析的角度从囚徒个体角度出发转向了从囚徒团伙角度出发。

对于这个团伙来说，被抓捕囚禁后每个人都可能最后选择向警方坦白，只是这种坦白实质上是撇开了团伙利益的选择，并且最后得到的也不是对自己最为有利的结果。他们面对警方的分别囚禁但仍存共同利益。按照给定的案例条件，这种共同利益是客观存在的,就是在警方缺乏证据的前提下,两个囚徒都不坦白就是他们的共同利益所在。他们是团伙作案,如果作案成功,他们要对共同盗窃的财物进行分配,这种分配就是对共同利益的分配;而如果被警方抓获,没有作案成功,那么,从团伙的角度讲,他们也存在共同利益,即都不坦白就是比他们都坦白更有利的共同利益。按照警方的告知约定,只要他们都不坦白,法庭只能以非法入室罪判处他们每人服刑 2 年,而不是由于他们都坦白了按照盗窃罪判处他们每人服刑 8 年。所以,对于共同犯罪来说,不论他们是得手了还是没有得手并被警察抓住,都是存在团伙利益或是说共同利益的,不能因为这两个囚徒被警方分别囚禁就忽略了他们的共同利益的存在。他们的共同利益,按照案例给出的条件,是客观存在的,既不因他们没有作出明智的选择而改变,也不因警方没有给他们作出特别的提示而取消。

现实生活中,不论哪一行业,即使是竞争最为激烈的行业,也存在行业利益,即存在行业内竞争企业之间的共同利益。必须明确,由于存在利益的相关性,凡是处于博弈中的个人利益(或参与博弈的各方利益),都必然是有共同利益或公共利益约束的个人利益(或参与博弈的各方利益)。对于有共同利益或公共利益约束的个人利益,必须要先行维护共同利益或公共利益,只有在保证共同利益或公共利益得到有效维护的前提下,才能实现对个人利益最好的维护。这不是博弈各方之间合作与否的问题,而是应当明确地认识到博弈各方之间客观存在必须给予维护的共同利益或公共利益。如果对于博弈中有共同利益或公共利益约束的个人利益,不首先注重维护共同利益或公共利益,甚至无视共同利益或公共利益的存在,缺乏必要的理性,那么,就会像"囚徒困境"中设定的两个囚徒作出的选择一样,都只能得到自己不想得到的不是对自己最有利的非合作博弈结果。

为什么会产生困境?产生困境的原因是囚徒对其"共同利益"缺乏管理。没有对于维护共同利益或公共利益的有效管理,就不能保证共同利益或公共利益的实现,相应地也难以保护共同利益或公共利益约束下的个人利益。因此,对任何现实中的共同利益或公共利益都需要实施有效管理。

行业利益是一个行业内所有企业的共同利益,维护行业利益在现代市场经济条件下很有必要,只有对行业利益作出有效的管理,保证行业利益不受侵犯,才能维护好行业发展的市场秩序,促使每一家企业都能健康成长。

6.4.4　学思践悟

博弈作为一种争取利益的竞争,始终伴随着人类的发展。小到一个人的一生,大到国与国之间的制衡,博弈无处不在。每个人都在时时刻刻想着与他人竞争,每时每刻都把自己放在局中人的位置上,这就是所谓的"人生如戏,戏如人生",充分运用游戏规则,演好自己人生的戏码,就是博弈思维能力的体现。

在现实博弈中,尽可能避免人为制造"非此即彼"的状态,应该去创造"正和博弈"环境,否则最终很有可能出现谁都没有得利的纳什均衡。

6.5　动　态　规　划

在现实生活中有一类活动的过程,由于它的特殊性,可将过程分成若干个互相联系的阶段,每一阶段都需要作出决策,从而使整个过程达到最好的活动效果。因此各个阶段决策的选取不能任意确定,它依赖于当前面临的状态,又影响以后的发展。当各个阶段决策确定后,就组成一个决策序列,因而也就确定了整个过程的一条活动路线。①

——"动态规划之父"理查德·贝尔曼(Richard Bellman)

基本概念:

阶段状态变量　决策　决策变量　策略　状态转移函数　状态转移方程　指标函数　最优值函数　分治法　时间复杂度　空间复杂度　无后效性　模

6.5.1　多阶段决策

动态规划(dynamic programming)是运筹学的一个分支,是求解决策过程(decision process)最优化的数学方法。20 世纪 50 年代初,美国数学家贝尔曼等人在研究多阶段决策过程(multistep decision process)的优化问题时,提出了著名的最优化原理(principle of optimality),把多阶段过程转化为一系列单阶段问题,利用各阶段之间的关系逐个求解,创立了解决这类过程优化问题的新方法——动态规划。1957 年,他出版了名著 *Dynamic Programming*,这是该领域的第一本著作。

动态规划自问世以来在经济管理、生产调度、工程技术和最优控制等方面得到了广泛应用,如最短路线、库存管理、资源分配、设备更新、排序、装载等问题,用动态规划方法比用其他静态规划方法,如线性规划求解更为方便。

动态规划是一种解决最优化、搜索和计数问题的通用技术,这些问题都可以被分解为多个子问题。要应用动态规划,问题就必须具备以下两个属性:最优子结构(optimal substructure)和重叠子问题(overlapping subproblems)。

1. 最优子结构

如果大小为 n 的问题的最优解可以由大小小于 n 的问题的同一实例的最优解推导出,则该问题具有最优子结构。

如图 6-12 所示,如果从 S 到 T 的最短路径会经过 A、B、C,这是决策序列(全局最优),决定怎么走,就算 $S{\to}A$ 这段不看,从 A 出发到 T 的决策(局部最优)也在里面。

---

①　薛桂琴.即时配送运力的优化配置与调度方法[D].大连:大连海事大学,2023.

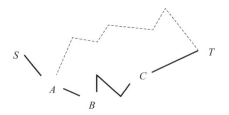

图 6-12　全局最优与局部最优决策序列

2. 重叠子问题

举一个大家都很熟悉的例子,斐波那契数列(图 6-13),即从第三项开始,每一项都等于前两项之和。斐波那契数列可以表示为

$$F(0)=0$$
$$F(1)=1$$
$$F(n)=F(n-1)+F(n-2)$$

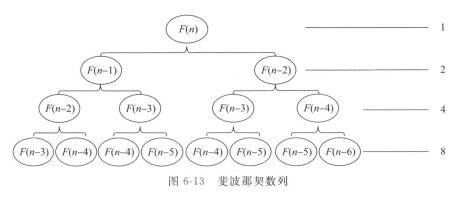

图 6-13　斐波那契数列

要想解出 $F(n)$,就需要解出 $F(n-1)$ 和 $F(n-2)$,但是解出 $F(n-1)$ 又需要解出 $F(n-2)$ 和 $F(n-3)$。这样一来,$F(n-2)$ 被重复计算了 2 次。

这可以用一个递归函数来表示:要想解决一个大小为 n 的问题,我们可以调用相同的函数来解决同一问题的一个实例,但实例的规模比原始问题的规模小一些。我们一直不断地调用该函数,直到到达基础用例,也就是停止条件,在此处即 $n=0$ 或 $n=1$。

这就引出了传统递归解法与动态规划思想之间的对比。

传统递归解法做起来比较简单,就是不断地去递归调用。在递归的过程中,把曾经计算过的项进行又一次的重复计算,这样的时间效率很低。

比如在计算 $F(4)$ 时,参考图 6-14 中相同颜色的项,黑色、灰色、白色都是重复计算的。

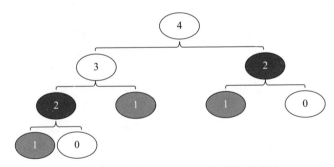

图 6-14　斐波那契数列 $F(4)$ 的递归重复度

为了更好地说明这种重复计算带来的时间效率低下问题，下面计算 $F(5)$（图 6-15），由于递归的计算方式，会有更多的项（图 6-15 线框中部分）进行了重复计算。这一问题在计算 $F(5)$ 时，会递归调用 $F(4)$ 和 $F(3)$，而在图 6-15 中，计算 $F(4)$ 时又会完整地计算 $F(3)$。这样一来，如果 N 很大，会有更大的时间消耗。

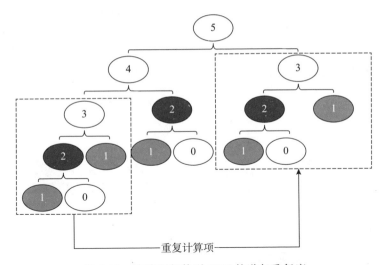

重复计算项

图 6-15　斐波那契数列 $F(5)$ 的递归重复度

这样，这棵树的规模成倍增加，时间复杂度很明显地成倍扩张。

好在递归中并没有增加空间，始终都是同样的长度，仅仅是不断地弹出和压入。于是，利用传统递归解法，其时间复杂度函数为 $O(2^n)$、空间复杂度函数为 $O(n)$。

动态规划以空间换时间的思想，增加了对历史上计算结果的保存，保存过程取中间值，方便后续直接使用，以争取最佳的时间效率（图 6-16）。

初始值 $F(0)=0, F(1)=1$。

想要计算得到 $F(2)$，那么 $F(2)=F(0)+F(1)\rightarrow$ 保存 $F(2)$。

想要计算得到 $F(3)$，那么 $F(3)=F(1)+F(2)\rightarrow$ 保存 $F(3)$。

想要计算得到 $F(4)$，那么 $F(4)=F(2)+F(3)\rightarrow$保存 $F(4)$。

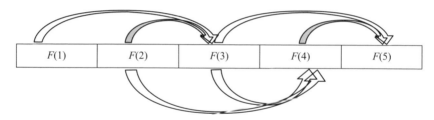

图 6-16　斐波那契数列 $F(4)$ 的动态规划思想

因此，动态规划可以避免重复计算，达到了时间上的最优，从时间复杂度函数 $O(2^n)$ 指数级变为 $O(n)$ 常数级［空间复杂度函数还是 $O(n)$］，相较于开辟的一段内存空间存放中间过程值的开销，是非常值得的。

有了前面的粗浅介绍，还可以再仔细看看是否有优化的空间，毕竟对于一个算法方案的设计，无论是时间还是空间的效率，都想要达到一个理想的值。

比如，前述的 $F(n)=F(n-1)+F(n-2)$，每个计算节点都只与前两个项有关系。换句话说，只要保存两个值 dp1 和 dp2 即可，计算新的节点值时，把新的值赋给前两个值中的第一个就可以了（图 6-17）。整个过程仅用到了两个变量来存储过程中产生的值，之前没有优化的空间效率得到了优化。

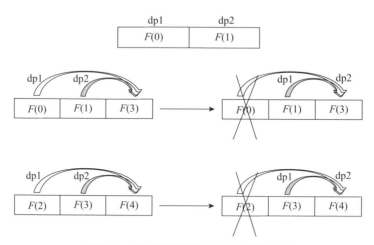

图 6-17　斐波那契数列 $F(4)$ 的赋值过程

由此，动态规划的基本步骤有以下三个。

步骤 1：定义 dp 数组（用来保存从开始到当前情况的最优值，故保存的是截至目前的最优值，避免重复计算）。

步骤 2：动态（状态转移）方程［在解决问题过程中能够发现一个不断解决子问题的动态规律，如斐波那契中的 $F(n)=F(n-1)+F(n-2)$，其他可以用动态规划解决的问题中,需要去发现这样的内在规律,这一步最难也最重要,这一步解决了,基本就没问题了]。

步骤 3:初始化数值[动态方程定义好了,还需要一个支点来撬动它不断地计算下去,如斐波那契中的 $F(0)=0$,$F(1)=1$,有了这两个值,它的动态方程 $F(n)=F(n-1)+F(n-2)$ 就可以进行下去了]。这也说明为什么都习惯用斐波那契数列来引入动态规划,因为斐波那契数列本身就明确地告诉我们动态方程是什么,初始化的值是什么,尤其是从传统递归到动态规划思想,再到优化的方面,很有意思。

总结起来,能用动态规划解决的问题具有以下特点:①问题具有最优子结构性质,即问题的最优解所包含的子问题的解也是最优的;②无后效性,当前的若干个状态值一旦确定,此后过程的演变就只和这若干个状态的值有关,和之前是采取哪种手段或经过哪条路径演变到当前的这若干个状态没有关系。换句话说,过程的过去历史只能通过当前状态去影响它未来的发展,当前的状态是以往历史的一个总结。

已知起点 A 到终点 E 之间各点的距离(图 6-18),若求 A 到 E 的最短路径及距离,你想到了哪些方法?

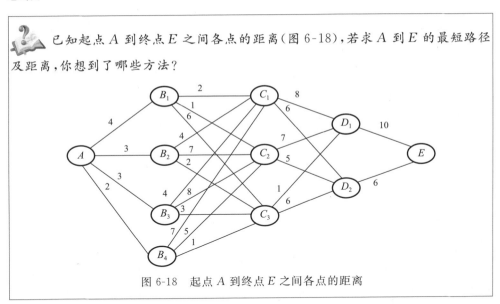

图 6-18　起点 A 到终点 E 之间各点的距离

6.5.2　精讲留白:无向图最短路径问题

例 6-3　图 6-19 表示从起点 A 到终点 E 之间各点的距离,求 A 到 E 的最短路径。

解析:以上求从 A 到 E 的最短路径问题,可以转化为四个性质完全相同但规模较小的子问题,即分别从 D_i、C_i、B_i、A 到 E 的最短路径问题。在每一个始点的头顶用数字加框代表当前始点到真正终点 E 的最短距离,于是 E 头顶的带框数字 $\boxed{0}$ 代表从当前的始点 E 到真正的终点 E 的最短距离为 0。

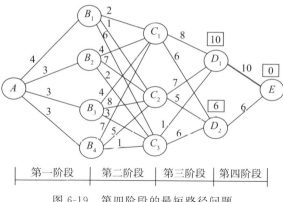

图 6-19   第四阶段的最短路径问题

第四阶段：两个始点 D_1 和 D_2，真正的终点只有一个 E。若当前的始点为 D_1，则 D_1 头顶的带框数字 $\boxed{10}$ 代表当前的始点 D_1 到真正终点 E 的最短距离为 10，因为从 D_1 到 E 只有一条路，且距离为 10。10 是 $D_1 \to E$ 得到的，可以用颜色标注或加粗显示，方便后面反向追踪最短路径。同样地，若当前的始点为 D_2，则 D_2 头顶的带框数字 $\boxed{6}$ 代表当前的始点 D_2 到真正终点 E 的最短距离为 6，因为从 D_2 到 E 也只有一条路，且距离为 6（图 6-19）。

第三阶段：三个始点 C_1、C_2 和 C_3，真正的终点只有一个 E。若当前的始点为 C_1，从 C_1 到下一阶段有两种选择：$C_1 \to D_1$；$C_1 \to D_2$。若 C_1 走一步（步长为 8）到 D_1 再到 E，而 D_1 到 E 的最短距离在第四阶段已经知道为 10，所以 $C_1 \overset{8}{\to} D_1 \overset{\text{最短距离}10}{\to} E$ 很快算出为 18；若 C_1 走一步（步长为 6）到 D_2 再到 E，而 D_2 到 E 的最短距离在第四阶段已经知道为 6，所以 $C_1 \overset{6}{\to} D_2 \overset{\text{最短距离}6}{\to} E$ 很快算出为 12。此时，C_1 头顶的带框数字 $\boxed{12} = \min\{C_1 \to D_1 \to E, C_1 \to D_2 \to E\} = \min\{18, 12\}$ 代表当前的始点 C_1 到真正终点 E 的最短距离为 12。12 是 $C_1 \to D_2 \to E$ 得到的，可以用颜色标注或加粗显示，方便后面反向追踪最短路径。类似地，可以计算 C_2、C_3 头顶的带框数字都为 $\boxed{11}$，代表当前的始点 C_2、C_3 到真正终点 E 的最短距离都为 11（图 6-20）。

第二阶段：四个始点 B_1、B_2、B_3 和 B_4，真正的终点只有一个 E。若当前的始点为 B_1，从 B_1 到 E 有三条路：$B_1 \to C_1$，$B_1 \to C_2$，$B_1 \to C_3$。若 B_1 走一步（步长为 2）到 C_1 再到……最后到达终点 E，而 C_1 到 E 的最短距离在第三阶段已经知道为 12，所以 $B_1 \overset{2}{\to} C_1 \overset{\text{最短距离}12}{\to} \cdots \to E$ 很快算出为 14；若 B_1 走一步（步长为 1）到 C_2 再到……最后到达终点 E，而 C_2 到 E 的最短距离在第三阶段已经知道为 11，所以 $B_1 \overset{1}{\to} C_2 \overset{\text{最短距离}11}{\to} \cdots \to E$ 很快算出为 12；若 B_1 走一步（步长为 6）到 C_3 再到……最后到达

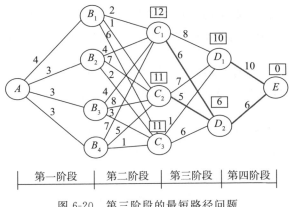

图 6-20　第三阶段的最短路径问题

终点 E，而 C_3 到 E 的最短距离在第三阶段已经知道为 11，所以 $B_1 \overset{6}{\rightarrow} \overbrace{C_3 \rightarrow \cdots \rightarrow E}^{\text{最短距离11}}$ 很快算出为 17。此时，B_1 头顶的带框数字 $\boxed{12} = \min\{B_1 \rightarrow C_1 \rightarrow \cdots \rightarrow E, B_1 \rightarrow C_2 \rightarrow \cdots \rightarrow E, B_1 \rightarrow C_3 \rightarrow \cdots \rightarrow E\} = \min\{14, 12, 17\}$ 代表当前的始点 B_1 到真正终点 E 的最短距离为 12。12 是 $B_1 \rightarrow C_2 \rightarrow \cdots \rightarrow E$ 得到的。类似地，可以计算 B_2、B_3、B_4 头顶的带框数字分别为 $\boxed{13}$、$\boxed{14}$、$\boxed{12}$，代表当前的始点 B_2、B_3 和 B_4 到真正终点 E 的最短距离分别为 13、14、12（图 6-21）。

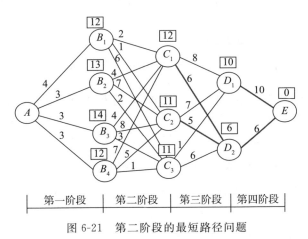

图 6-21　第二阶段的最短路径问题

　　第一阶段：一个始点 A，也是案例中真正的始点，真正的终点只有一个 E。从 A 到 E 有四条路：$A \rightarrow B_1$，$A \rightarrow B_2$，$A \rightarrow B_3$，$A \rightarrow B_4$。若 A 走一步（步长为 4）到 B_1 再到……最后到达终点 E，而 B_1 到 E 的最短距离在第二阶段已经知道为 12，所以 $A \overset{4}{\rightarrow} \overbrace{B_1 \rightarrow \cdots \rightarrow E}^{\text{最短距离12}}$ 很快算出为 16；若 A 走一步（步长为 3）到 B_2 再到……最后到达

终点 E，而 B_2 到 E 的最短距离在第二阶段已经知道为 13，所以 $A\xrightarrow{3}\overbrace{B_1\rightarrow\cdots\rightarrow E}^{\text{最短距离}13}$ 很快算出为 16；若 A 走一步（步长为 3）到 B_3 再到……最后到达终点 E，而 B_3 到 E 的最短距离在第二阶段已经知道为 14，所以 $A\xrightarrow{3}\overbrace{B_1\rightarrow\cdots\rightarrow E}^{\text{最短距离}14}$ 很快算出为 16；若 A 走一步（步长为 2）到 B_4 再到……最后到达终点 E，而 B_4 到 E 的最短距离在第二阶段已经知道为 12，所以 $A\xrightarrow{3}\overbrace{B_1\rightarrow\cdots\rightarrow E}^{\text{最短距离}12}$ 很快算出为 15。此时，B_1 头顶的带框数字 $\boxed{15}=\min\{A\rightarrow B_1\rightarrow\cdots\rightarrow E,A\rightarrow B_2\rightarrow\cdots\rightarrow E,A\rightarrow B_3\rightarrow\cdots\rightarrow E,A\rightarrow B_4\rightarrow\cdots\rightarrow E\}=\min\{16,16,17,15\}$ 代表当前的始点 A（也是真正的始点）到真正终点 E 的最短距离为 15。15 是 $A\rightarrow B_4\rightarrow\cdots\rightarrow E$ 得到的（图 6-22）。

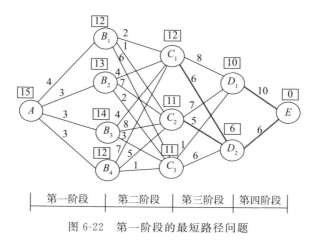

图 6-22　第一阶段的最短路径问题

最后，从图 6-22 中反向追踪可知：从 A 到 E 的最短路径为 $A\rightarrow B_4\rightarrow C_3\rightarrow D_1\rightarrow E$，最短距离为 15。

上述最短路径问题用到了动态规划的逆序标号法，如果用动态规划的顺序标号法又该如何操作？这两种方法的结果一致吗？为什么？

6.5.3　思维拓展：背包问题

例 6-4　设有 n 种物品，每一种物品数量无限。第 i 种物品每件重量为 w_i 千克，每件价值 c_i 元。现有一个可装载重量为 W 千克的背包，求各种物品应各取多少件放入背包，使背包中物品的价值最高？

解析：这个问题可以用线性规划模型来描述。设 x_i 为第 i 种物品装入背包的件数（$i=1,2,3,\cdots,n$），背包中物品的总价值为 z，则

$$\max z = c_1 x_1 + c_2 x_2 + \cdots + c_n x_n$$

$$\text{s. t.} \begin{cases} w_1 x_1 + w_2 x_2 + \cdots + w_n x_n \leqslant W \\ x_1, x_2, \cdots, x_n \geqslant 0 \text{ 且为整数} \end{cases}$$

很明显,背包问题较难,但可拆分成一个一个的子问题,且子问题的解显而易见。在递归算法的基础上,将解决过的子问题记录下来以避免重复计算。很明显的最优子结构+重叠子问题,可以用动态规划逆序解法求解。

设:

阶段变量 k:第 k 次装载第 k 种物品($k = 1, 2, 3, \cdots, n$);

状态变量 s_k:第 k 次装载时背包还可以装载的重量;

决策变量 $u_k = x_k$:第 k 次装载第 k 种物品的件数;

决策允许集合:$D_k(s_k) = \left\{ x_k \mid 0 \leqslant x_k \leqslant \dfrac{s_k}{w_k}, x_k \text{ 为整数} \right\}$;

状态转移方程:$s_{k+1} = s_k - w_k x_k$;

阶段指标:$v_k = c_k x_k$;

最优过程指标函数 $f_k(s_k)$:第 k 到 n 阶段容许装入物品的最大使用价值;

递推方程:$f_k(s_k) = \max\{c_k x_k + f_{k+1}(s_{k+1})\} = \max\{c_k x_k + f_{k+1}(s_k - w_k x_k)\}$,$x \in D_k(s_k)$;

终端条件:$f_{n+1}(s_{n+1}) = 0$。

已知 S 是起点,T 是终点,在 S 和 T 之间有三个中间节点,节点间的路径都有两条,代价为 2 或者 5,如图 6-23 所示。请问从起点 S 到终点 T 之间总长模 10($\mathrm{mod}\ 10$)的最小路径问题的求解能用动态规划方法吗?为什么?

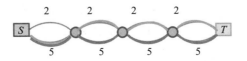

图 6-23　起点 S 到终点 T 之间的代价

动态规划算法是算法设计中非常重要的一种方法,是一个多阶段决策的过程。在使用动态规划算法之前需要先判断问题是否满足优化原则,如果不满足优化原则,就用动态规划方法。

6.5.4　学思践悟

动态规划、线性规划和非线性规划都属于数学规划的范围,所研究的对象本质上都是一个求极值的问题,都是利用迭代法去逐步求解的。不过,线性规划和非线性规划研究的问题通常是与时间无关的,故又称它们为静态规划。线性规划迭代中的每一步是就问题的整体加以改善的。而动态规划所研究的问题是与时间相关的,它是研究具有多阶段决策过程的一类问题,将问题的整体按时间或空间的特征分成若干个前后衔接的时空阶段,把多阶段决策问题表示为前后有关联的一系列单阶段决策问题,然后逐个加以解决,从而求出整个问题的最优决策序列。因此,对于某些静态问题,也可以人为地引入时间因素,把它看作按阶段进行的一个动态规划问题,这就使动态规划成为求解一些线性、非线性规划的有效方法。

能够采用动态规划算法来求解的问题需要具备两个重要条件:最优子结构、重叠子问题。对于给定问题,只有证明其具备了这两个条件,才能设计相应的状态转移方程,从而保证动态规划算法的正确性。这体现了"知行合一"的哲学思想,给出问题具备最优子结构和重叠子问题性质的定理是"知",自底向上求解各阶段子问题的最优值是"行"。由于对问题性质的证明过程涉及数学归纳法、反证法等,对学生的抽象思维、逻辑思维有一定要求,而同学们往往会忽略对"知"的关注,把动态规划算法仅仅等同于用伪代码描述过程,或者直接通过编写程序来运行算法等"行"的范畴,从而割裂了"知"与"行"之间的关系。理解了"知行合一"的哲学思想,就会将动态规划算法的正确性证明和算法设计思想有机融合在一起,以便更好地理解动态规划算法。

6.6　有向图最短路问题

一个邮递员每次上班要走遍他负责送信的所有街道,最后回到邮局,问应该怎样走才能使所走的路程最短?[①]

——管梅谷

基本概念:

有向图　无向图链　路　圈　回路　连通图　非连通图　生成子图　赋权图
网络　稠密图　稀疏图　树　生成树　最小生成树

6.6.1　中国邮递员问题

在数学史上,以"中国"命名的问题或定理不多,其中"中国余数定理"是广为人知的。这个定理在 1000 多年前就知道了。不过,在近代又出现了一个以中国命名的问题,那就是"中国邮递员问题(Chinese postman problem)",简称 CPP 问题。这个问题于 1962 年由中国学者管梅谷首先提出并研究:邮递员从邮局出发经过他投递的每一条街道,然后返回邮局,邮递员希望找出一条行走距离最短的路线。

把邮递员的投递区域看作一个连通的带权无向图,其中结点对应街道岔口,边对应街道,权对应街道的长度,那么,解决中国邮递员问题,就是在连通带权无向图

---

①　管梅谷.关于中国邮递员问题研究和发展的历史回顾[J].运筹学学报,2015,19(3):1-7.

中,寻找经过每边至少一次且权和最小的回路。与中国邮递员问题类似的还有著名的旅行商问题:假设有一个旅行商人要拜访 N 个城市,他必须选择所要走的路径,路径的限制是每个城市只能拜访一次,而且最后要回到原来出发的城市。路径的选择目标是要求得的路径路程为所有路径中的最小值,这是一个 NP 难问题。

作为无向图的延伸,有向图的最短路问题是在一个网络(赋权有向图)中寻找从一个指定的源顶点(source node)到一个指定的汇顶点(sink node)之间一条最短的路线。

最常用的最短路算法是 Dijkstra 算法、SPFA 算法、Bellman-Ford 算法和 Floyd 算法,这里重点介绍 Dijkstra 算法和 Floyd 算法。

Dijkstra 算法由荷兰计算机科学家艾兹格 • W. 迪科斯彻(Edsger Wybe Dijkstra)发现,这个算法是计算从一个顶点到其他各个顶点的最短路径,虽然看上去很抽象,但是在实际生活中应用非常广泛,比如在网络中寻找路由器的最短路径就是通过该种算法实现的,至今差不多已有 50 年历史,因为它的稳定性和通俗性,到现在依然强健。

Dijkstra 算法是一种单源最短路算法,其核心思想是贪心算法(greedy algorithm)。Dijkstra 算法从起始点开始,并以起始点为中心逐步向外扩展,直至扩展到终点为止,可以直接在赋权图中计算出最短路径。这种算法所采用的是一种贪心模式,解决从一个节点到另一个节点的最短路径问题,在每一次转换时,所选择的下一个节点都是距离最近的节点,所以每一次转换的路径都是最短的。为保证路径最短,在每一次转换后,都要重新检测各个节点之间的距离。

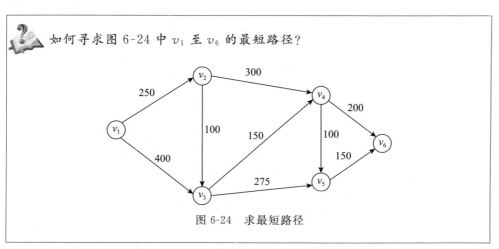

如何寻求图 6-24 中 v_1 至 v_6 的最短路径?

图 6-24　求最短路径

6.6.2　精讲留白:Dijkstra 算法

例 6-5　求网络图 6-25 中 v_1 到 v_9 的最短路。

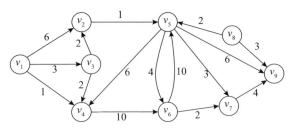

图 6-25　各点的距离关系

基本思路：从起点 v_s 开始，逐步给每个结点 v_j 标号 $[l_j, k_j]$，其中 l_j 为起点 v_s 到 v_j 的最短距离，k_j 为该最短路线上的前一节点。若给终点 v_t 标上号 $[l_t, k_t]$，表示已求出 v_s 至 v_t 的最短路长为 l_t，最短路径可根据 v_t 的标号反向追踪得到。

（1）给起点 v_1 标号 $(0, s)$。

（2）把顶点集 V 分成 $\begin{cases} I = \{v_1\}, \text{已标号点集} \\ J = \{v_2, v_3, v_4, v_5, v_6, v_7, v_8, v_9\}, \text{未标号点集} \end{cases}$，考虑所有这样的边 $[v_i, v_j]$，其中 $v_i \in I, v_j \in J$，挑选其中与起点 v_1 距离最短（$\min(l_i + c_{ij}) = \min\{0+6, 0+3, 0+1\} = 1$）的 v_4，对 v_4 进行标号（图 6-26，用粗线表示已标号集里的顶点为起点、未标号集里的顶点为终点所形成的边，下文同）。

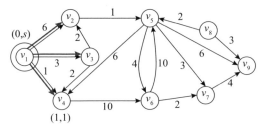

图 6-26　对起点 v_1 和节点 v_4 标号

（3）把顶点集 V 分成 $\begin{cases} I = \{v_1, v_4\}, \text{已标号点集} \\ J = \{v_2, v_3, v_5, v_6, v_7, v_8, v_9\}, \text{未标号点集} \end{cases}$，考虑所有这样的边 $[v_i, v_j]$，其中 $v_i \in I, v_j \in J$，挑选其中与起点 v_1 距离最短（$\min(l_i + c_{ij}) = \min\{0+6, 0+3, 1+10\} = 3$）的 v_3，对 v_3 进行标号（图 6-27）。

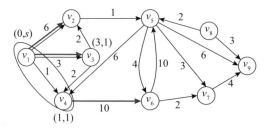

图 6-27　对节点 v_3 标号

（4）把顶点集 V 分成 $\begin{cases} I=\{v_1,v_4,v_3\}, \text{已标号点集} \\ J=\{v_2,v_5,v_6,v_7,v_8,v_9\}, \text{未标号点集} \end{cases}$，考虑所有这样的边 $[v_i,v_j]$，其中 $v_i \in I, v_j \in J$，挑选其中与起点 v_1 距离最短（$\min(l_i+c_{ij})=\min\{0+6,3+2,1+10\}=5$）的 v_2，对 v_2 进行标号（图 6-28）。

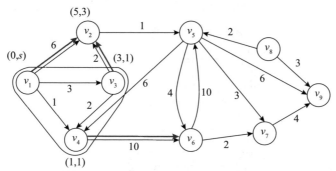

图 6-28 对节点 v_2 标号

（5）把顶点集 V 分成 $\begin{cases} I=\{v_1,v_4,v_3,v_2\}, \text{已标号点集} \\ J=\{v_5,v_6,v_7,v_8,v_9\}, \text{未标号点集} \end{cases}$，考虑所有这样的边 $[v_i,v_j]$，其中 $v_i \in I, v_j \in J$，挑选其中与起点 v_1 距离最短（$\min(l_i+c_{ij})=\min\{5+1,1+10\}=6$）的 v_2，对 v_2 进行标号（图 6-29）。

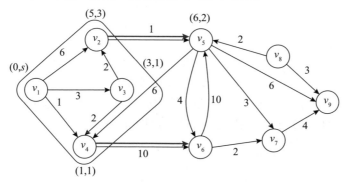

图 6-29 对节点 v_5 标号

（6）把顶点集 V 分成 $\begin{cases} I=\{v_1,v_4,v_3,v_2,v_5\}, \text{已标号点集} \\ J=\{v_6,v_7,v_8,v_9\}, \text{未标号点集} \end{cases}$，考虑所有这样的边 $[v_i,v_j]$，其中 $v_i \in I, v_j \in J$，挑选其中与起点 v_1 距离最短（$\min(l_i+c_{ij})=\min\{6+6,6+3,6+4,1+10\}=9$）的 v_7，对 v_7 进行标号（图 6-30）。

（7）把顶点集 V 分成 $\begin{cases} I=\{v_1,v_4,v_3,v_2,v_5,v_7\}, \text{已标号点集} \\ J=\{v_6,v_8,v_9\}, \text{未标号点集} \end{cases}$，考虑所有这样的边 $[v_i,v_j]$，其中 $v_i \in I, v_j \in J$，挑选其中与起点 v_1 距离最短（$\min(l_i+c_{ij})=\min\{6+6,9+4,6+4,1+10\}=10$）的 v_6，对 v_6 进行标号（图 6-31）。

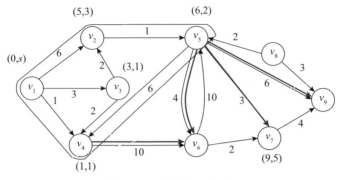

图 6-30　对节点 v_7 标号

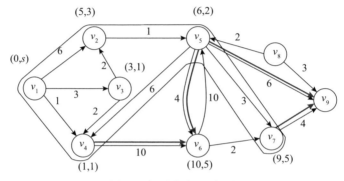

图 6-31　对节点 v_6 标号

（8）把顶点集 V 分成 $\begin{cases} I=\{v_1,v_4,v_3,v_2,v_5,v_7,v_6\},\text{已标号点集} \\ J=\{v_8,v_9\},\text{未标号点集} \end{cases}$，考虑所有这样的边 $[v_i,v_j]$，其中 $v_i\in I$，$v_j\in J$，挑选其中与起点 v_1 距离最短（$\min(l_i+c_{ij})=\min\{6+6,9+4\}=12$）的 v_9，对 v_9 进行标号（图 6-32）。

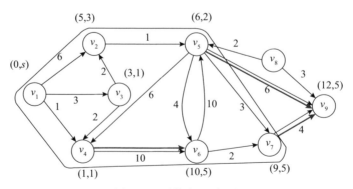

图 6-32　对终点 v_9 标号

此时终点 v_9 已标号(12,5)，则 12 为 $v_1\rightarrow v_9$ 的最短距离，反向追踪可求出 v_1

到 v_9 的最短路为 $v_1 \rightarrow v_3 \rightarrow v_2 \rightarrow v_5 \rightarrow v_9$，最短距离为 12（图 6-33）。

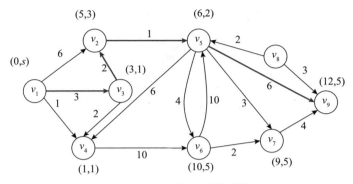

图 6-33 v_1 到 v_9 的最短路

试求图 6-34 中顶点 1 至顶点 5 的最短路径？

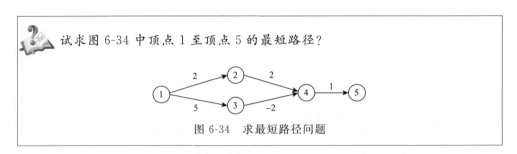

图 6-34 求最短路径问题

6.6.3 思维拓展：Floyd 算法

在实际应用中，某些赋权图的边可能为负，也就是说，假如存在一个可以直接从节点到达的负回路，那么算法将无法进行操作，最短路径的权也无法成立，使得最短路径无法找到。总而言之，若赋权图中出现了负权，Dijkstra 算法不能成立，这也是该算法的最大缺陷。因此，Dijkstra 算法要求所有边的权值非负。

Floyd 算法作为求最短路径的经典算法，其算法实现相比 Dijkstra 等算法更优雅，可读性强。

Floyd 算法的基本思想如下。定义两个二维矩阵：矩阵 D 记录顶点间的最短路径，如 $D_{03} = 10$，说明顶点 0 到顶点 3 的最短路径为 10；矩阵 P 记录顶点间最短路径的中转点，如 $P_{03} = 1$ 说明，顶点 0 到 3 的最短路径轨迹为顶点 0→顶点 1→顶点 3。它通过三重循环，k 为中转点，v 为起点，w 为终点，循环比较 D_{vk} 和 $D_{vk} + D_{kw}$ 的最小值，如果 $D_{vk} + D_{kw}$ 为更小值，则把 $D_{vk} + D_{kw}$ 覆盖保存在 D_{vw} 中。

例 6-6 求图 6-35 赋权中顶点 A 到顶点 D 的最短路。

解析：

（1）初始化距离矩阵 D（图 6-36）。

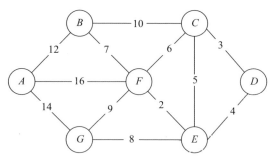

图 6-35　求最短路径

$$\begin{array}{c}\quad A \quad B \quad C \quad D \quad E \quad F \quad G \\ \begin{array}{c}A\\B\\C\\D\\E\\F\\G\end{array}\left[\begin{array}{ccccccc} 0 & 12 & \text{INF} & \text{INF} & \text{INF} & 16 & 14 \\ 12 & 0 & 10 & \text{INF} & \text{INF} & 7 & \text{INF} \\ \text{INF} & 10 & 0 & 3 & 5 & 6 & \text{INF} \\ \text{INF} & \text{INF} & 3 & 0 & 4 & \text{INF} & \text{INF} \\ \text{INF} & \text{INF} & 5 & 4 & 0 & 2 & 8 \\ 16 & 7 & 6 & \text{INF} & 2 & 0 & 9 \\ 14 & \text{INF} & \text{INF} & \text{INF} & 8 & 9 & 0 \end{array}\right]\end{array}$$

图 6-36　初始距离矩阵 $\boldsymbol{D}$

（2）以 A 为中间点，在初始矩阵 $\boldsymbol{D}$ 中，$D_{BG}=+\infty$，即不存在 $B \rightarrow G$ 的最小路径，但是通过 A 为中间点，$D_{BA}+D_{AG}=12+14=26<D_{BG}=+\infty$，所以 $D_{BA}+D_{AG}$ 为 $B \rightarrow G$ 的最短距离，因此覆盖 D_{BG} 为 26（图 6-37）。

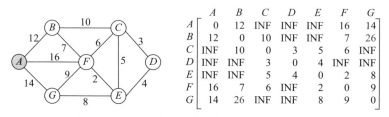

图 6-37　以 A 为中间点更新后的距离矩阵 $\boldsymbol{D}_1$

（3）以 A、B 为中间点，在 $\boldsymbol{D}_1$ 中，$D_{AC}=+\infty$，但是通过 B 为中间点，$D_{AB}+D_{BC}=12+10=22<D_{AC}=+\infty$，所以 $D_{AB}+D_{BC}$ 为 $A \rightarrow C$ 的最短距离，因此覆盖 D_{AC} 为 22（图 6-38）。

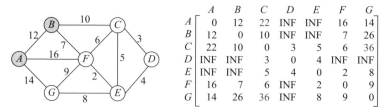

图 6-38　以 A、B 为中间点更新后的距离矩阵 $\boldsymbol{D}_2$

（4）类似地，以 A、B、C 为中间点，更新后的距离矩阵 $\boldsymbol{D}_3$ 如图 6-39 所示。

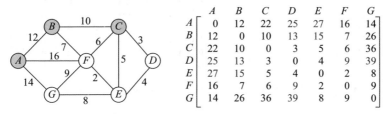

$$
\begin{array}{c@{\ }ccccccc}
 & A & B & C & D & E & F & G \\
A & 0 & 12 & 22 & 25 & 27 & 16 & 14 \\
B & 12 & 0 & 10 & 13 & 15 & 7 & 26 \\
C & 22 & 10 & 0 & 3 & 5 & 6 & 36 \\
D & 25 & 13 & 3 & 0 & 4 & 9 & 39 \\
E & 27 & 15 & 5 & 4 & 0 & 2 & 8 \\
F & 16 & 7 & 6 & 9 & 2 & 0 & 9 \\
G & 14 & 26 & 36 & 39 & 8 & 9 & 0
\end{array}
$$

图 6-39　以 A、B、C 为中间点更新后的距离矩阵 $\boldsymbol{D}_3$

（5）以 A、B、C、D 为中间点，更新后的距离矩阵 $\boldsymbol{D}_4$ 如图 6-40 所示。

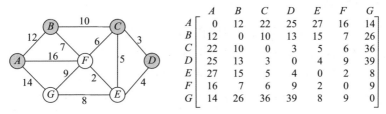

$$
\begin{array}{c@{\ }ccccccc}
 & A & B & C & D & E & F & G \\
A & 0 & 12 & 22 & 25 & 27 & 16 & 14 \\
B & 12 & 0 & 10 & 13 & 15 & 7 & 26 \\
C & 22 & 10 & 0 & 3 & 5 & 6 & 36 \\
D & 25 & 13 & 3 & 0 & 4 & 9 & 39 \\
E & 27 & 15 & 5 & 4 & 0 & 2 & 8 \\
F & 16 & 7 & 6 & 9 & 2 & 0 & 9 \\
G & 14 & 26 & 36 & 39 & 8 & 9 & 0
\end{array}
$$

图 6-40　以 A、B、C、D 为中间点更新后的距离矩阵 $\boldsymbol{D}_4$

（6）以 A、B、C、D、E 为中间点，更新后的距离矩阵 $\boldsymbol{D}_5$ 如图 6-41 所示。

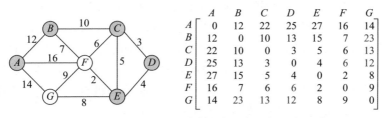

$$
\begin{array}{c@{\ }ccccccc}
 & A & B & C & D & E & F & G \\
A & 0 & 12 & 22 & 25 & 27 & 16 & 14 \\
B & 12 & 0 & 10 & 13 & 15 & 7 & 23 \\
C & 22 & 10 & 0 & 3 & 5 & 6 & 13 \\
D & 25 & 13 & 3 & 0 & 4 & 6 & 12 \\
E & 27 & 15 & 5 & 4 & 0 & 2 & 8 \\
F & 16 & 7 & 6 & 6 & 2 & 0 & 9 \\
G & 14 & 23 & 13 & 12 & 8 & 9 & 0
\end{array}
$$

图 6-41　以 A、B、C、D、E 为中间点更新后的距离矩阵 $\boldsymbol{D}_5$

（7）以 A、B、C、D、E、F 为中间点，更新后的距离矩阵 $\boldsymbol{D}_6$ 如图 6-42 所示。

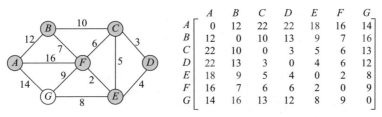

$$
\begin{array}{c@{\ }ccccccc}
 & A & B & C & D & E & F & G \\
A & 0 & 12 & 22 & 22 & 18 & 16 & 14 \\
B & 12 & 0 & 10 & 13 & 9 & 7 & 16 \\
C & 22 & 10 & 0 & 3 & 5 & 6 & 13 \\
D & 22 & 13 & 3 & 0 & 4 & 6 & 12 \\
E & 18 & 9 & 5 & 4 & 0 & 2 & 8 \\
F & 16 & 7 & 6 & 6 & 2 & 0 & 9 \\
G & 14 & 16 & 13 & 12 & 8 & 9 & 0
\end{array}
$$

图 6-42　以 A、B、C、D、E、F 为中间点更新后的距离矩阵 $\boldsymbol{D}_6$

（8）以 A、B、C、D、E、F、G 为中间点，更新后的距离矩阵 $\boldsymbol{D}_7$ 如图 6-43 所示。

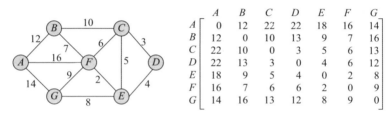

$$
\begin{array}{c c c c c c c c}
 & A & B & C & D & E & F & G \\
A & 0 & 12 & 22 & 22 & 18 & 16 & 14 \\
B & 12 & 0 & 10 & 13 & 9 & 7 & 16 \\
C & 22 & 10 & 0 & 3 & 5 & 6 & 13 \\
D & 22 & 13 & 3 & 0 & 4 & 6 & 12 \\
E & 18 & 9 & 5 & 4 & 0 & 2 & 8 \\
F & 16 & 7 & 6 & 6 & 2 & 0 & 9 \\
G & 14 & 16 & 13 & 12 & 8 & 9 & 0
\end{array}
$$

图 6-43   以 A、B、C、D、E、F、G 为中间点更新后的距离矩阵 D_7

在距离矩阵 D_7 中,所有距离都为有限数,D_7 即为 A 到 D 的最短距离矩阵。因此,A 到 D 的最短距离为 22,相应的最短路径为 $A \rightarrow F \rightarrow E \rightarrow D$。

6.6.4   学思践悟

Floyd 算法与 Dijkstra 算法的不同在于以下几点。

(1) Floyd 算法是求任意两点之间的距离,是多源最短路径,而 Dijkstra 算法是求一个顶点到其余所有顶点的最短路径,是单源最短路径。

(2) Floyd 算法可以算带负权的但不能算负权回路,而 Dijkstra 算法不可以算带负权的。

(3) Dijkstra 算法的时间复杂度一般是 $o(n^2)$,Floyd 算法的时间复杂度是 $o(n^3)$,Dijkstra 算法比 Floyd 算法快。

(4) Floyd 算法属于动态规划,Dijkstra 算法属于贪心算法。

最短路问题是运筹学中的一个经典问题,从起点到终点,要经过许多中间点。在选择路径时,若每次都选择与当前点最近的中间点作为下一迭代点,这样得到的路径往往不是最优路径。这是因为这样的路径选择策略犯了因小失大的错误,为了初始阶段的轻松容易,失去了后面更快抵达目的地的机会。当代大学生应秉持不贪图享乐、不畏艰难、目光长远的人生信念。

6.7   网络最大流问题

哥尼斯堡七桥问题[①]:如图 6-44 所示,一个散步者能否从任一块陆地出发,走过七座桥,且每座桥只走过一次,最后回到出发点?

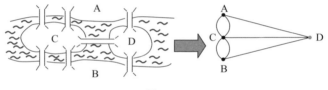

图 6-44

① 王燕荣. 数学方法论[M]. 成都:西南交通大学出版社,2018.

基本概念：

发点　收点　中间点　可行流　顺流逆流

6.7.1　最大流问题初探

最大流问题（maximum flow problem）是一类应用极为广泛的问题，如在交通网络中有人流、车流、货物流，供水网络中有水流，金融系统中有现金流，等等。

最大流问题是一种组合最优化问题，就是要讨论如何充分利用装置的能力使运输的流量最大化，以取得最好的效果。20 世纪 50 年代福特和富尔克森建立的"网络流理论"（图论的一个重要分支）是网络应用的重要组成部分。

最大流问题是网络流理论研究的一个基本问题，即求网络中一个可行流 f^*，使其流量 $v(f)$ 达到最大，这种流 f 称为最大流，这个问题称为（网络）最大流问题。最大流问题是一个特殊的线性规划问题，就是在容量网络中寻找流量最大的可行流，具体描述如下。已知网络 $D=(V,A,C)$，其中 V 为顶点集；A 为弧集；$C=\{c_{ij}\}$ 为容量集，c_{ij} 为弧 (v_i,v_j) 上的容量。现 D 上要通过一个流 $f=\{f_{ij}\}$，其中 f_{ij} 为弧 (v_i,v_j) 上的流量。问题：应如何安排流量 f_{ij} 可使 D 上通过的总流量 v 最大？

最大流问题可以建立如下形式的线性规划数学模型：

$$\text{s.t.}\begin{cases} \max V = f^* \\ 0 \leqslant f_{ij} \leqslant c_{ij} \quad （容量约束） \\ \sum_j f_{ij} - \sum_j f_{ji} = \begin{cases} v(f), & i=s \\ -v(f), & i=t \\ 0, & i \neq s,t \end{cases} \quad （平衡约束） \end{cases}$$

式中，$v(f)$ 为可行流 f 的流量（发点的净输出量或收点的净输入量）。一般而言，用标号法寻求有向最大流比用线性规划求解要方便得多。

通常，可行流具有如下特征：①每一个弧上的流量不能超过该弧的容量（容量条件）；②每一个中间点的流入量与流出量的代数和为零（转运的作用）；③发点的总流出量与收点的总流入量必相等。

任意一个网络上的可行流总是存在的。例如，零流 $v(f)=0$，就是满足以上条件的可行流。

网络系统中最大流问题就是在给定的网络上寻求一个可行流 f，使其流量 $v(f)$ 达到最大值。

从某种意义上说，最大流问题是最短路问题的互补模型。最短路问题所描述的流会引发费用，但不受到任何容量的限制；与之相反的是最大流问题中的流不产生任何费用，却受到流量界的约束。最大流问题是要寻找一个从一指定的源顶点到一指定的汇点的达到最大流值的可行解。

图 6-45 为 v_1 到 v_6 的交通网,权表示相应运输线的最大通过能力,制订一方案使从 v_1 到 v_6 的运输物资数量最多。

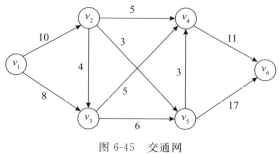

图 6-45   交通网

6.7.2   精讲留白:标号法

标号法的基本思想如下。

1. 改进弧容量

对每一条弧 (v_i, v_j) 的容量用一对数 c_{ij} 和 0 标在弧上,其中 c_{ij} 靠近 v_i 点,0 靠近 v_j 点,表示从 v_i 到 v_j 容许通过的容量为 c_{ij};反之,从 v_j 到 v_i 容许通过的容量为 0。

2. 求解最大流

(1) 寻路。从包含弧数最少的路开始寻找,该路上所有顺流容量 $c_{ij} > 0$,若不存在这样的路,则已求得最大流。

(2) 增流。找出路上最小的弧顺流容量 p_f,通过该路增加流量 p_f,即网络流量变为 $F + p_f$。

(3) 改进:顺减逆加。

3. 绘图

绘制最大流量图。

例 6-7   求图 6-46 的最大流。

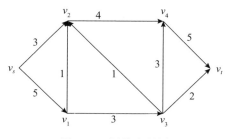

图 6-46   网络容量图

解析：

（1）改进弧容量（图 6-47）。

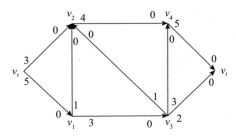

图 6-47 改进后的弧容量

（2）求解网络最大流问题。

初始的总流量 $F=0$。

第一次迭代：选择路为 $v_s \to v_2 \to v_4 \to v_t$，则 $p_f=\min\{3,4,5\}=3$，此时，$F=0+3=3$（图 6-48）。

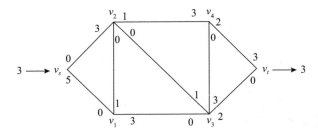

图 6-48 第一次迭代后的总流量

第二次迭代：选择路为 $v_s \to v_1 \to v_3 \to v_t$，则 $p_f=\min\{5,3,2\}=2$，此时，$F=3+2=5$（图 6-49）。

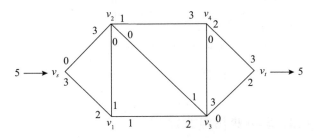

图 6-49 第二次迭代后的总流量

第三次迭代：选择路为 $v_s \to v_1 \to v_3 \to v_4 \to v_t$，则 $p_f=\min\{3,1,3,2\}=1$，此时，$F=5+1=6$（图 6-50）。

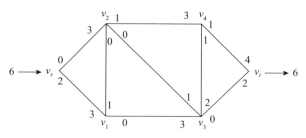

图 6-50　第三次迭代后的总流量

第四次迭代:选择路为 $v_s \to v_1 \to v_2 \to v_4 \to v_t$,则 $p_f = \min\{2,1,1,1\} = 1$,此时,$F = 6 + 1 = 7$(图 6-51)。

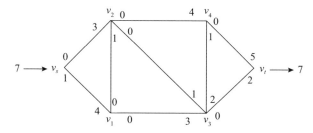

图 6-51　第四次迭代后的总流量

此时,再找不到可行流,表明已求得最大流,最大流量为 7。

(3)绘制最大流量图(图 6-52)。

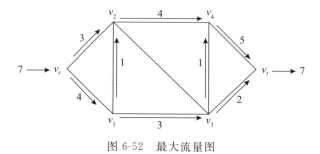

图 6-52　最大流量图

6.7.3　思维拓展:最小费用最大流问题

在介绍最大流问题时,我们列举了一个最大物资输送流问题。如果这个问题的已知条件还包括每条边运送单位物资的费用,那么怎样运送才能得到最大运输量,并且输送费用最少? 这便是所谓最小费用最大流问题。

如图 6-53 所示的一输水网络属南水北调工程,从 v_s 到 v_t 送水,弧旁数字

(c_{ij}, b_{ij}) 中 c_{ij} 为管道容量，b_{ij} 为从 v_i 到 v_j 输水的单位费用，问应当如何输水使流量最大并且总的费用最小？

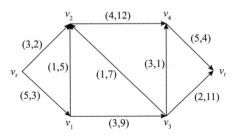

图 6-53　网络费用容量图

显然，最小费用最大流问题也是一个线性规划问题。如果用线性规划来解，可以分两步走：第一步，先求出此网络图中的最大流量 F；第二步，在最大流量 F 的所有解中找出一个最小费用的解。由此，上述的线性规划模型建立如下：

$$\min_{(v_i, v_j)} f_{ij} b_{ij} = 2f_{s2} + 3f_{s1} + 5f_{12} + 9f_{13} + 7f_{32} + 12f_{24} + f_{34} + 4f_{4t} + 11f_{3t}$$

$$\text{s.t.} \begin{cases} f_{s1} + f_{s2} = 7 = f_{3t} + f_{4t} \\ f_{s1} = f_{12} + f_{13} \\ f_{s2} + f_{12} + f_{32} = f_{24} \\ f_{24} + f_{34} = f_{4t} \\ f_{13} = f_{32} + f_{34} + f_{3t} \end{cases}$$

众所周知，线性规划模型的计算复杂度是指数级的，而最小费用最大流问题的经典图论算法的计算复杂度往往是多项式级的。

解决最小费用最大流问题的图论算法，一般有两条途径。

一条途径是先用最大流算法算出最大流，然后根据边费用，检查是否有可能在流量平衡的前提下通过调整边流量使总费用得以减少，只要有这个可能，就进行这样的调整。调整后，得到一个新的最大流。然后，在这个新流的基础上继续检查、调整。这样迭代下去，直至无法调整，便得到最小费用的最大流。这一思路的特点是保持问题的可行性（始终保持最大流），向最优推进。

另一条解决途径和前面介绍的最大流算法思路一样，不同的是：在寻找路径的时候，是从总的单位费用最小的路开始，而不是包含边数最少的路。

于是，上述案例解析如下。

（1）弧改进。从 v_i 到 v_j 的弧上，靠近 v_i 的地方标上 (c_{ij}, b_{ij})，靠近 v_j 的地方标上 $(0, -b_{ij})$。

（2）求解最小费用最大流。初始总流量为 0，初始总费用为 0。

第一次迭代：选择路为 $v_s \rightarrow v_1 \rightarrow v_3 \rightarrow v_4 \rightarrow v_t$，路长为 17，增流值为 3，总费用为

$3 \times 17 = 51$。

第二次迭代:选择路为 $v_s \rightarrow v_2 \rightarrow v_4 \rightarrow v_t$,路长为 18,增流值为 2,总费用为 $51 + 2 \times 18 = 87$。

第三次迭代:选择路为 $v_s \rightarrow v_2 \rightarrow v_4 \rightarrow v_3 \rightarrow v_t$,路长为 24,增流值为 1,总费用为 $87 + 1 \times 24 = 111$。

第四次迭代:选择路为 $v_s \rightarrow v_1 \rightarrow v_2 \rightarrow v_4 \rightarrow v_3 \rightarrow v_t$,路长为 32,增流值为 1,总费用为 $111 + 1 \times 32 = 143$。

绘制最大流量图(图 6-54)。

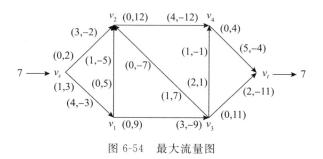

图 6-54 最大流量图

6.7.4 学思践悟

最大流问题的研究密切了图论和运筹学,特别是与线性规划的联系,开辟了图论应用的新途径。

最大流问题仅注意网络流的流通能力,没有考虑流通的费用。实际上费用因素是很重要的。例如,在交通运输问题中,往往要求在完成运输任务的前提下,寻求一个使总运输费用最省的运输方案,这就是最小费用流问题。如果只考虑单位货物的运输费用,那么这个问题就变成最短路问题。由此可见,最短路问题是最小费用流问题的基础。现已有一系列求最短路的成功方法。最小费用流(或最小费用最大流)问题可以交替使用求解最大流和最短路两种方法,通过迭代得到解决。

1988 年 10 月,我国第一条高速公路——沈大高速部分通车,沪嘉高速紧随着全线通车,我国开始有了投入运营的高速公路。进入 21 世纪以后,我国高速公路里程开始快速增长。到 2021 年,高速公路总里程爆发式增长到了 16.91 万公里。2010—2021 年,我国新增的高速公路里程就达到了 10.4 万公里。高速公路里程超过美国,一跃成为世界第一。基于这样完善的道路网络,超低的运输成本,中国物流行业得以迅猛发展,进而孕育出了高速铁路、扫码支付、共享单车和网络购物中国新四大发明。国内的交通发展日新月异,为人民提供了高效便利且丰富多样的出行方式,爱国之情油然而生。

参 考 文 献

[1] 顾沛.数学文化[M].2版.北京:高等教育出版社,2017.

[2] 邹庭荣,夏静波,沈婧芳,等.数学文化赏析[M].2版.武汉:武汉大学出版社,2013.

[3] 仝秋娟.几种特殊线性方程组的解法研究[D].西安:西安电子科技大学,2013.

[4] 孟香惠,施保昌,胡新生.线性规划标准型和整数线性规划最优解的两个注记[J].应用数学,2019,32(2):466-470.

[5] 谷伟莉,郭焕焕,董艳青.线性代数的起源、发展及其应用[J].知识文库,2018(5):213-214.

[6] 潘泉.避免教学中师生间零和博弈现象——提高课堂效率[J].厦门科技,2016(5):26-28.

[7] 杨宝军.矩阵在解线性方程组中的应用[J].安阳工学院学报,2022,21(2):82-87.

[8] 罗云中,宗胜亮.运用 Excel 等软件求解线性规划模型的比较研究[J].电子技术与软件工程,2022(7):80-84.

[9] 敖特根.线性规划的起因和发展[D].西安:西北大学,2014.

[10] 钱津."囚徒困境"案例思想的深度探讨[J].河北经贸大学学报,2022,43(2):41-48.

[11] 韩伯棠.管理运筹学[M].4版.北京:高等教育出版社,2015.

[12] 鲁海燕.最小费用网络流的若干新问题研究[D].杭州:浙江大学,2007.

[13] 王颖,邵桂芳,陶继平,等.运筹学课程思政的设计与探索[J].高教学刊,2021,7(16):172-176.

[14] 袁缘.数学文化与人类文明[D].长春:吉林大学,2013.

[15] 吴军.数学通识讲义[M].北京:新星出版社,2021.

[16] 吴作乐,吴秉翰.这才是好看的数学[M].北京:北京时代华文书局,2020.

[17] 比尔·伯林霍夫,费尔南多·辜维亚.这才是好读的数学史[M].胡坦,生云鹤,译.北京:北京时代华文书局,2019.